GASPARD DE BESSE

DRAME EN 5 ACTES ET 8 TABLEAUX

PAR

THÉODORE HENRY

Représenté pour la première fois à Marseille, sur le Théâtre du Gymnase, le 30 Janvier 1875,
sous la Direction de M. H. BEYSSON.

PRIX : 2 FRANCS

MARSEILLE

IMPRIMERIE ET STÉRÉOTYPIE T. SAMAT
15, Quai du Canal, 15

1875

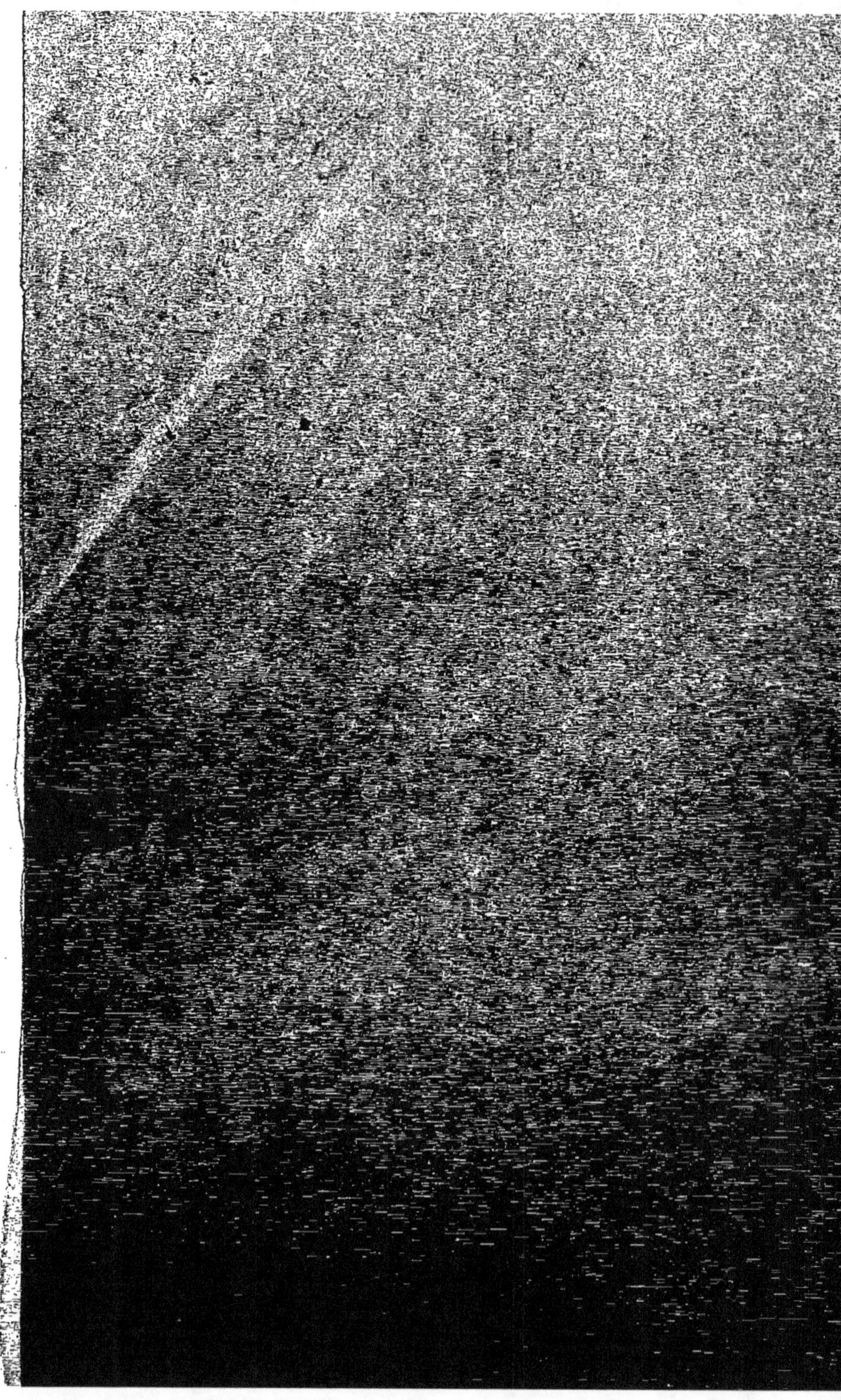

GASPARD DE BESSE

DRAME EN 5 ACTES ET 8 TABLEAUX

PAR

THÉODORE HENRY

Représenté pour la première fois à Marseille, sur le Théâtre du Gymnase, le 30 Janvier 1875,
sous la Direction de M. H. BEYSSON.

PRIX : 2 FRANCS

MARSEILLE
IMPRIMERIE ET STÉRÉOTYPIE T. SAMAT
15, Quai du Canal, 15

1875

DISTRIBUTION

GASPARD DE BESSE }
M. DE GALTIÈRES } *(Premier rôle)* .... MM. Divoor.
COQUELICOT *(Grand premier comique)* .... Bouchet.
RENÉ DE MAULÉON *(Jeune premier)* .... Brunet.
LE COMTE DE NIEUZELLE *(Grand troisième rôle)* .. Alteirac.
CADET *(Jeune premier comique)* .... Jean Roche.
BRUNO BRUN *(Financier)* .... Lesbros.
BAVARD *(Second comique)* .... Laroche.
M. D'ORBEVAL *(Grime)* .... Fontvent.
DOMINIQUE *(Père noble)* .... Hocman.
BELAMOUR *(Convenance)* .... Max.
DE MALVALAT *(Premier amoureux)* .... Millaud.
L'INTENDANT DE PROVENCE .... Maure.
M. D'ANTIBES .... Grandmaison.
M. D'HERBOIS .... Chaix.
Une Sentinelle .... Bernard.
Le Chef de la Maréchaussée .... Beaudoin.
Un Soldat .... Pizoir.
MISÉ BRUN *(Jeune premier rôle)* .... Mmes Duplessy.
Mme DE NIEUZELLE *(Grand premier rôle)* .... Magnan.
ADRIENNE *(Jeune première)* .... Rocomaure.
SIMON *(Travesti)* .... Blanche Martel.
MADELOUN *(Première duègne)* .... Metallier.
TOINETTE *(Soubrette)* .... Vattonne.
LA MARIOTTE *(Amoureuse)* .... Ovise.
Mme D'ORBEVAL .... Léa.

Seigneurs, Dames, Bandits, Soldats de la Maréchaussée, etc.

L'action se passe en Provence, en 1780

MISE EN SCÈNE DE M. SYLVAIN LÉVY, RÉGISSEUR

Les indications sont prises de la gauche du public.

GASPARD DE BESSE

PREMIER ACTE

PREMIER TABLEAU

L'AUBERGE DU CHEVAL-ROUGE

La grande salle de l'auberge du Cheval-Rouge. Portes au fond, à droite et à gauche. A droite, une cheminée. Dix à douze soldats du régiment de Lyonnais sont attablés au premier plan, à gauche. Cadet est assis près de la cheminée.

SCÈNE PREMIÈRE.

BELAMOUR, LES SOLDATS, TOINETTE, CADET.

LES SOLDATS.— Ohé ! du vin.

TOINETTE, *déposant un broc sur la table.*— Voici, voici...

BELAMOUR, *cherchant à prendre la taille de Toinette.*— Bravo, la belle !

TOINETTE, *passant.* — Laissez-moi donc !... Voulez-vous me laisser ? (*Passant du côté de Cadet, à celui-ci.*) N'as-tu pas honte de me voir molester ainsi par des soldats sans rien faire pour ma défense... Tu n'es donc pas jaloux ?...

CADET, *bâillant.* — Moi... j'ai sommeil !...

TOINETTE.— Est-ce un homme cela ?

BELAMOUR.— Et puis à quoi cela lui servirait-il de vouloir nous empêcher de rendre hommage à la beauté ?... Un bon coup de cette rapière l'enverrait vite voir si je ne suis pas *ad patres*... Ce garçon est philosophe et il a raison... Camarade, veux-tu boire un verre de vin avec nous ?

CADET.— Oh ! pour cela volontiers. *(Il se lève.)*

TOINETTE (1).— Je le reconnais bien là, fainéant mais buveur...

BELAMOUR, *toisant Cadet.* — Sais-tu que tu es bien bâti !...

TOINETTE.— Je le sais bien... Il est superbe !...

BELAMOUR, *à Cadet.*— N'as-tu pas de goût pour l'état militaire ?

CADET.— Travaille-t-on beaucoup ?

BELAMOUR.— On n'a rien à faire qu'à servir le Roi.

CADET.— Le Roi est-il exigeant ?...

BELAMOUR.— Non, certes, c'est un bon enfant que nous ne voyons jamais.

CADET.— Alors...

TOINETTE.— Cadet, prends garde...

BELAMOUR, *entraînant Cadet vers la table.* — Nous allons arranger cette affaire...

TOINETTE.— Les gredins !... Ils seraient capables de me prendre mon amoureux.

(Un homme couvert d'un manteau entre par la porte du fond et lui pose la main sur l'épaule ; elle a une exclamation de frayeur.)

(1) Les soldats, Belamour. Cadet, Toinette.

SCÈNE II.

LES SOLDATS, CADET, BELAMOUR, M. DE GALTIÈRES.

M. DE GALTIÈRES. — N'aie pas peur, c'est moi.

TOINETTE. — M. de Galtières !

M. DE GALTIÈRES, *la prenant à part.* — Plus bas... J'ai un renseignement à te demander...

TOINETTE. — Je suis votre servante.

M. DE GALTIÈRES. — N'est-il pas arrivé, presque en même temps que ces soldats, deux femmes : l'une jeune et jolie, l'autre...

TOINETTE. — Oui, elles étaient dans une carriole conduite par un vieux paysan.

M. DE GALTIÈRES. — C'est cela... Où sont-elles en ce moment ?

TOINETTE. — Dans l'appartement à côté... Elles n'ont pas voulu rester ici à cause des soldats.

M. DE GALTIÈRES. — Elles sont venues cependant avec eux...

TOINETTE. — Elles s'en iront aussi avec eux pour profiter de leur escorte jusqu'à Aix...

M. DE GALTIÈRES. — Ah !...

TOINETTE. — Dame ! Les routes ne sont pas sûres par le temps qui court...

M. DE GALTIÈRES. — Toinette, il faut que je parle à la plus jeune de ces femmes...

TOINETTE. — Rien n'est plus facile, Monsieur, je vais vous conduire à elle...

M. DE GALTIÈRES. — Non, je vais revenir... Combien durera la halte des soldats ?...

TOINETTE. — Dans demi-heure ils seront partis, il faut l'espérer.

M. DE GALTIÈRES, *remontant.* — Je serai ici avant... Ne dis à personne que tu m'as vu...

TOINETTE. — Personne ne le saura, à moins que Cadet..

M. DE GALTIÈRES. — Il n'a pu me reconnaître, car j'ai eu soin... Au revoir, Toinette ! (*Il sort par la porte du fond.*)

TOINETTE. — Au revoir, Monsieur... (*Elle sort par la porte à gauche.*)

SCÈNE III.

LES SOLDATS, BELAMOUR, CADET.

BELAMOUR, *se levant.* — C'est une noble profession que la nôtre... Aimer, chanter, rire et boire...

CADET. — Et dormir tout à son aise, tandis qu'ici...

BELAMOUR. — Porter un galant costume et une épée... Morbleu !

CADET. — Il vaut mieux ça que des sabots de valets d'écurie... Vous n'avez pas de chevaux à soigner au moins ?...

BELAMOUR. — Pour qui nous prends-tu ?... Soigner des chevaux !... C'est bon pour des cavaliers comme Royal-Dragons ou Lorraine-Dragons... Nous sommes de nobles fantassins, nous autres...

CADET. — Vous faites de longues étapes à pied...

BELAMOUR, *s'asseyant de nouveau.* — Ce sont des cas exceptionnels, lorsque nous changeons de garnison ou que nous sommes chargés d'escorter un convoi... Nous venons, par exemple aujourd'hui, de Manosque où l'on faisait des difficultés pour payer le droit de *piquet*... Le receveur que nous accompagnons a, dans sa caisse, plus d'un million de livres qu'il porte à M. de Latour, intendant de Provence.

SCÈNE IV.

LES SOLDATS, BELAMOUR, CADET, COQUELICOT, BAVARD. (*Ces derniers sont entrés sans que l'on s'en soit aperçu et sont allés s'asseoir à droite, à la place qu'occupait Cadet au commencement de l'acte.*)

COQUELICOT, *à Bavard.* — Un million de livres !... As-tu entendu, Bavard ?...

BAVARD, *à Coquelicot.* — Ce sera une bonne affaire...

COQUELICOT. — Je crois bien...

BAVARD. — Malheureusement elle n'est pas sans danger...

COQUELICOT. — Il n'est pas de roses sans épines...

BAVARD. — C'est même une des expéditions les plus dangereuses que nous ayons tentées depuis longtemps... Enlever un trésor défendu par des gaillards comme ceux-là...

Coquelicot, *s'apercevant qu'ils sont remarqués par les soldats.*— Tais-toi... *(Frappant sur la table.)* A boire !...

SCÈNE V.

Les soldats, BELAMOUR, CADET, TOINETTE, COQUELICOT, BAVARD.

Toinette, *entrant.*— Voilà ! *(Elle va vers la table de Coquelicot et Bavard.)*

Belamour, *se levant, à haute voix.*— Sur ma parole, j'ai vu des gens qui avaient mauvaise mine, mais jamais comme ceux-là...

Bavard, *à Coquelicot.*— Qu'est-ce qu'il dit ?...

Coquelicot, *à Bavard.* — Patience, petit !

Belamour.— De véritables gibiers de potence...

Bavard, *à Coquelicot.* — C'est bien pour nous...

Coquelicot, *à Bavard.*— Cesse de bavarder, Bavard !

Belamour. — Je me demande s'il doit être permis à des individus de cette espèce, de boire dans la même salle que des soldats du Roi...

Coquelicot, *se levant.* — Si on leur refusait cette permission, Monsieur le sergent, ils la prendraient ! *(Tous les soldats se lèvent.)*

Belamour (1). — C'est pourquoi je t'invite à déguerpir de céans...

Bavard.— C'est à toi, Coquelicot, qu'il a l'honneur de parler...

Coquelicot.— Je comprends bien.

Belamour.— Allons, partez !...

Bavard, *à Coquelicot.* — Eloignons-nous... autrement nous nous attirons une mauvaise affaire...

Coquelicot.— Y penses-tu, poltron !... Monsieur le sergent, quand je m'en vais de quelque endroit, j'ai l'habitude qu'on m'accompagne !

Belamour.— Soit ! Quoique je ne sache guère si tu es digne de cette faveur... Ton compagnon peut choisir pour se battre n'importe quel soldat de Lyonnais ici présent.

(1) Les soldats, Cadet, Belamour, Toinette, Coquelicot, Bavard.

Cadet, *se mettant à l'écart.*—Oh ! oh ! Je ne suis pas encore engagé...

Bavard, *avec empressement.*— Je n'y tiens pas, moi, je n'y tiens pas !...

Coquelicot.— Sortons...

Belamour.— Sortons...

(Les soldats sortent par la porte du fond avec Coquelicot et Bavard.)

Toinette.— Les vilaines gens !... Toujours quand les soldats passent au Cheval-Rouge, il faut qu'ils cherchent querelle à quelqu'un. *(Elle sort par la porte à gauche.)*

SCÈNE VI.

Cadet, *seul.* — Comme il y va ce sergent Belamour !... « Choisissez n'importe quel soldat ici présent... » Si j'avais porté l'uniforme et qu'il m'eût choisi, il eut donc fallu me battre... Mais cela ne me serait pas allé du tout... Décidément je ne m'engage pas... Je veux d'un métier dans lequel on mange bien, on boit bien, on dort bien, mais je ne veux pas d'un métier dans lequel il s'agit à chaque instant de tirer l'épée... Merci !... Allons voir ce que font les autres... de loin, de très loin.... *(Il se dirige vers la porte du fond et se trouve face à face avec le comte de Nieuzelle et ses compagnons.)* Ah !...

SCÈNE VII.

CADET, NIEUZELLE, DE MALVALAT, D'HERBOIS, D'ANTIBES.*(Les gentilshommes sont enveloppés dans de grands manteaux.)*

Nieuzelle, *retenant Cadet.*—Te voilà, toi !... As-tu fait ce dont nous étions convenus ?

Cadet.— Vous m'avez effrayé...

Nieuzelle.— As-tu trouvé le moyen de retarder le départ des voyageuses ?...

Cadet. — J'ai cassé le brancard de leur carriole, et comme on ne s'apercevra de l'accident qu'au moment où on attèlera pour le départ, je vous jure bien que les soldats s'en iront sans elles.

Nieuzelle. — C'est parfait ! Tu m'as promis le silence et moi je t'ai promis... Tiens *(Il lui jette une bourse).*

Cadet, *avec joie.* — De l'or !...

Nieuzelle. — Laisse-nous...

Cadet. — De l'or !... De quoi vivre

longtemps sans rien faire ! (*Il sort par la porte du fond.*)

SCÈNE VIII.

DE MALVALAT, NIEUZELLE, D'HERBOIS, D'ANTIBES.

DE MALVALAT. — Eh bien, Nieuzelle, nous diras-tu ce que tu attends de nous ?

NIEUZELLE. — En effet, je ne vous ai pas encore expliqué pourquoi je vous ai fait quitter précipitamment les beautés de la ville d'Aix pour venir m'attendre sur cette route...

DE MALVALAT. — Dans de galants costumes comme ceux-ci...

NIEUZELLE, *riant*. — C'est vrai, on ne se douterait pas en vous voyant que vous appartenez à l'élite de la noblesse de Provence...

D'ANTIBES. — L'aventure que tu nous as promise nous dédommagera-t-elle du sacrifice imposé à notre amour-propre ?

NIEUZELLE. — Je n'ose vous l'assurer... Ne vous ai-je pas prévenu qu'il ne s'agissait que de m'aider...

DE MALVALAT. — T'aider ?

NIEUZELLE. — Dans un enlèvement.

TOUS. — Ah !

D'HERBOIS. — Un enlèvement, ce n'est déjà pas si mal.

DE MALVALAT. — Et il s'agit de quelque belle demoiselle, de quelque noble châtelaine qu'il faut arracher à un frère impitoyable, à un tuteur jaloux, à un époux barbare.

NIEUZELLE. — Il ne s'agit, Messieurs, que d'une petite bourgeoise... Oh ! ne faites pas dédaigneusement la moue, car la personne en question est la plus charmante, la plus belle que l'on puisse rêver... Tu la connais, Malvalat, car tu l'as admirée comme moi à Aix, la veille de la Fête-Dieu, et toi-même, d'Antibes, n'es-tu pas allé deux ou trois fois à son intention acheter des bijoux dans le magasin de son mari ?

D'ANTIBES. — Misé Brun !

NIEUZELLE. — Tais-toi... Elle pourrait entendre son nom, car elle n'est pas loin d'ici...

DE MALVALAT. — Vraiment ? Par quel concours de circonstances ?...

NIEUZELLE. — Laissez-moi vous demander d'abord si je puis entièrement compter sur vous, si vous êtes toujours fidèles au pacte que nous avons conclu et dont le but est de satisfaire tous nos caprices, de protéger mutuellement nos plaisirs et nos amours...

D'HERBOIS. — Tu sais bien, comte, que tu as notre parole !

NIEUZELLE. — Sachez alors que cette admiration, que tu as éprouvée un instant, Malvalat, que ce désir de posséder Misé Brun, que tu as eu pendant huit jours, d'Antibes, tout cela n'est rien à côté de la violente passion qu'elle m'a inspirée !

D'ANTIBES. — Une passion !

NIEUZELLE. — Cela vous étonne de ma part, n'est-ce pas ? Eh bien, cela m'étonne encore plus moi-même... Il faut pourtant que je donne un nom à ce sentiment qui s'est emparé de moi et qui est tel que je suis décidé à ne reculer devant rien...

DE MALVALAT. — Comme tu y vas... et nous qui te croyions épris de ta belle cousine...

NIEUZELLE. — Ma cousine Adrienne sera ma femme, mais Misé Brun sera ma maîtresse. Je le jure!...

D'HERBOIS. — Qu'as-tu arrêté ?

NIEUZELLE. — J'avais formé un plan dont la première partie, mise à exécution, n'a pas réussi... J'ai compté sur vous, pour que le dénouement fût favorable.

MALVALAT. — Voyons, explique-nous cela.

NIEUZELLE. — Le jour où je me dis que la femme de l'orfèvre serait à moi, je commençai aussitôt le siége, mais je vous assure que jamais beauté ne fut plus gardée... Ce n'est que très rarement que Misé Brun est dans la boutique, et elle ne sort jamais qu'accompagnée d'une servante qu'on m'a affirmé, avec juste raison, être incorruptible...

DE MALVALAT. — Bah ! avec quelques louis !

NIEUZELLE. — J'ai essayé et je n'ai pas réussi... Je passais des nuits entières dans la rue habitée par mon infante, sans pouvoir lui glisser seulement un billet doux quand je réfléchis que, si je parvenais à la délivrer de la surveillance qui l'entourait, j'acquerrais sans doute quelque chance. Je pris des renseignements, et je sus que Misé Brun avait encore un vieil oncle à Manosque. Il y a huit jours, Siffroi, mon coureur, bien dressé et endoctriné par moi, se présenta, déguisé en paysan, au mari et lui annonça, tout effaré, que le bonhomme était au plus mal et qu'il désirait voir sa nièce avant de mourir... Grand émoi dans la maison ! Brun ne voulait pas d'abord laisser partir sa femme, mais, réfléchissant, sans doute, qu'il y avait un héritage, il se décida à la voir s'éloigner avec Madeloun...

D'HERBOIS. — Madeloun...

NIEUZELLE. — C'est le nom de la servante... Je me promettais merveille en voyant le résultat de ma ruse... C'est bien le diable, me disais-je, si je ne parviens pas à parler à Misé Brun, pendant la route, et à obtenir un rendez-vous d'elle à l'arrivée. Je comptais sans la hâte avec laquelle s'effectua le voyage, l'inquiétude dévorait d'ailleurs le cœur de mon idole qui ne daigna pas descendre une seule fois de la carriole qui la portait afin que je pusse me prosterner à ses pieds... A Manosque ce fut bien autre chose ; on se demanda dans quel but on était venu dire que le vieillard était à l'article de la mort, alors qu'il jouissait d'une santé aussi bonne que possible. Convaincue qu'un danger la menaçait, Misé Brun ne sortit pas une seule fois de la demeure, et je restai sans la voir jusqu'au moment où j'appris qu'elle allait profiter du convoi de la gabelle et de son escorte pour rentrer à Aix...

DE MALVALAT. — Pas de chance !...

NIEUZELLE. — N'est-ce pas ?... Je t'assure que, lorsque j'appris cette nouvelle, rien n'égala mon désappointement... J'aurais voulu pouvoir m'entendre avec Gaspard de Besse qui, dit-on, est dans les environs avec sa bande... Je lui aurais proposé d'attaquer les soldats, de les mettre en fuite et nous aurions ensuite enlevé, moi la belle, et lui l'argent.

MALVALAT. — C'est une idée cela...

NIEUZELLE. — Une idée qui fit naître en moi celle de vous écrire de venir me trouver, et d'implorer votre secours ...

D'ANTIBES. — Y penses-tu ?... Attaquer le convoi...

NIEUZELLE. — Non, j'ai eu soin de créer des obstacles pour empêcher Misé Brun de quitter le Cheval-Rouge, en même temps que les soldats qui la protégent... Sachant que l'on devait faire une halte ici, j'ai pris les devants, et la promesse d'un peu d'or m'a fait avoir pour complice le valet d'écurie... Un brancard cassé fera partir la carriole portant mon infante demi-heure après le convoi, que nous l'empêcherons bien de rejoindre... Justement à cent pas environ de cette auberge isolée la route serpente entre de

grands rochers qui ressemblent à des murailles ruinées. Cet endroit est un vrai coupe-gorge où nous pouvons nous mettre en embuscade... Nous serons quatre contre deux femmes et un vieux paysan. Il nous sera aisé d'étouffer les cris qui pourraient être entendus.

D'ANTIBES. — C'est une assez vilaine besogne...

NIEUZELLE. — Si cela te répugne, nous nous passerons de toi...

D'ANTIBES. — Je le crois sans peine... Que feras-tu de Misé Brun dès que tu en seras maître ?

NIEUZELLE (1). — Tu sais bien que les terres de Nieuzelle s'étendent non loin d'ici... Je la porterai dans le logis d'un de mes gardes-chasses qui abritera nos amours jusqu'au moment où il me plaira de renvoyer à son époux la charmante Rose...

DE MALVALAT. — La femme de l'orfèvre Brun s'appelle Rose ?... C'est une antithèse !

NIEUZELLE. — Eh bien, mes amis, ai-je eu raison de compter sur vous, et venez-vous sur la route avec moi ?

D'HERBOIS. — Mais certainement.

NIEUZELLE. — Il n'y a alors que d'Antibes qui hésite...

D'ANTIBES. — Fort peu... Qui pourrait refuser de t'accompagner, cher comte ?

NIEUZELLE. — A la bonne heure !... Je te retrouve !... A propos, je voudrais voir le valet en question pour lui recommander de nous prévenir dans le cas où Misé Brun retarderait trop son départ... Justement le voici... (Cadet entre par la porte du fond.)

SCÈNE IX.

LES MÊMES, CADET (2).

CADET. (Il s'assied tout essoufflé.) — Ah ! quel coup d'épée !... Le sergent est tombé roide...

NIEUZELLE. — Comment ?... Qu'est-ce qui arrive ?...

CADET. — Le sergent Belamour a bientôt vu que l'homme de mauvaise mine était plus fort que lui et il a commencé à reculer, à reculer... mais cela n'a pas pu

(1) De Malvalat, Nieuzelle, d'Antibes, d'Herbois.

(2) De Malvalat, Nieuzelle, Cadet, d'Antibes, d'Herbois.

le sauver. A l'heure qu'il est, les soldats vont partir en emportant son cadâvre...

NIEUZELLE. — Que nous importe cette histoire !... Les soldats vont partir, dis-tu ?

CADET. — Oui, même que le vieux paysan a commencé à geindre près du brancard cassé de la carriole...

NIEUZELLE. — Laisse-le se lamenter... Si par hasard quelque chose de nouveau retardait trop les deux femmes, tu viendrais nous prévenir n'est-ce pas ?... Nous serons dans les rochers... En attendânt sois discret. Tu sais ce qui te menace si tu parles...

CADET. — Vous pouvez compter sur moi...

(Les gentilshommes sortent par le fond à gauche.)

SCÈNE X.

CADET *puis* COQUELICOT, BAVARD.

CADET, *seul*. — Que vont-ils faire ?... Après tout, cela ne m'intéresse pas puisque je suis payé et bien payé... Décidément mon métier vaut encore mieux que celui de soldat... Pauvre sergent qui tout-à-l'heure, riait, buvait... Ce que c'est que de nous !... *(Coquelicot et Bavard entrent par la porte du fond.)*

COQUELICOT. — A boire ! *(Il s'assied à droite.)*

CADET, *tressaillant*. — Voilà ! voilà ! Il ne faut pas le faire attendre ce terrible homme... *(Il sort par la porte à droite.)*

SCÈNE XI.

COQUELICOT, BAVARD, *puis* M. DE GALTIÈRES.

BAVARD (1). — Un de moins !... Coquelicot, je t'ai admiré.

COQUELICOT. — Parce que j'ai châtié un insolent.

BAVARD. — Tu as fait ce que je voulais faire...

COQUELICOT. — Si j'avais agi comme tu l'entendais, j'aurais battu en retraite avec toi...

BAVARD. — Tout le monde n'est pas de ta force...

COQUELICOT. — Le fait est que je sais

assez bien me servir de l'épée... Je ne me connais qu'un maître...

BAVARD. — Et ce maître?... *(M. de Galtières est entré avec Toinette. Tandis que celle-ci ne fait que traverser la salle et sortir par la porte à gauche, il s'est avancé au milieu de l'appartement. Coquelicot et Bavard apercevant M. de Galtières s'inclinent avec des démonstrations empressées de respect.)*

COQUELICOT (1). — Le voilà !

M. DE GALTIÈRES, *rapidement*. — Vous êtes venus... C'est bon !... Les soldats partent... hâtez-vous de prendre les devants et ne les attaquez que dans deux heures...

COQUELICOT. — Ne vaudrait-il pas mieux dans une heure ?

M. DE GALTIÈRES. — Cela me plaît ainsi... Je le veux !... C'est toi, Coquelicot, qui commanderas l'expédition...

COQUELICOT. — Et toi ?

M. DE GALTIÈRES. — Moi, j'ai autre chose en vue... D'autres occupations réclament ma présence... Allez !... *(Coquelicot et Bavard sortent par le fond.)*

SCÈNE XII.

MADELOUN, MISÉ BRUN, TOINETTE, M. DE GALTIÈRES.

TOINETTE *entre avec Misé Brun et Madeloun par la gauche*. — Voici ce Monsieur. — Je vais voir si la réparation du brancard a commencé, et si vous pourrez bientôt continuer votre voyage. *(Elle sort par le fond.)*

M. DE GALTIÈRES (2), *à Misé Brun*. — Je sais, Madame, ce qui vous arrive... Un accident imprévu vous oblige à vous arrêter ici plus longtemps que vous ne le pensiez et à laisser partir devant vous le convoi qui faisait votre sauvegarde sur ces routes peu sûres.

MISÉ BRUN. — On vient de nous faire espérer, Monsieur, que la réparation serait bientôt faite et que nous pourrions avec un peu de hâte, rejoindre les soldats dans une heure...

MADELOUN. — Seigneur Dieu ! Il faut espérer qu'avant ce temps-là, nous ne rencontrerons pas ce damné Gaspard de Besse !...

____

(1) Coquelicot, Bavard.

(1) M. de Galtières, Coquelicot, Bavard.

(2) Madeloun, Misé Brun, M. de Galtières.

M. DE GALTIÈRES.— Je ne crois pas que, seules, dans votre carriole conduite par un vieux paysan, vous ayiez à craindre Gaspard de Besse qui ne s'attaque jamais aux faibles et les protége plutôt... Gaspard de Besse ne s'adresse qu'aux forts pour leur ravir une partie de leur proie... Vous avez entendu parler de ses exploits contre de riches traitants gorgés d'or. Il plonge, quand il le peut, ses mains dans l'argent de M. des Galois de La Tour, intendant de Provence... mais jamais, non jamais, il ne sera dangereux pour vous.

MISÉ BRUN, *regardant M. de Galtières avec étonnement.* — Ah !...

M. DE GALTIÈRES. — Vous pouvez donc renoncer à votre projet de rejoindre le convoi...

MISÉ BRUN. — Cependant...

M. DE GALTIÈRES. — Vous êtes plus en sécurité sans lui, ou pour mieux dire vous seriez en danger avec lui...

MADELOUN, *effrayée.* — Est-il possible ?

MISÉ BRUN. — Comment savez-vous ?

M. DE GALTIÈRES.— Peu doit vous importer, Madame...Je me suis permis de demander à vous parler, afin de vous conseiller de rester ici jusqu'à demain matin...

MADELOUN. — Rester ici jusqu'à demain... Que s'imaginerait Maître Brun, en ne nous voyant pas arriver ce soir !

MISÉ BRUN. — Que croirait mon mari ?

M. DE GALTIÈRES.— Vous lui expliqueriez qu'il était nécessaire de vous arrêter à l'auberge du Cheval-Rouge, que votre vie, votre honneur étaient en péril si vous continuiez la route...

MISÉ BRUN.— Ma vie, mon honneur... Que signifie ?... Expliquez-vous, Monsieur...

M. DE GALTIÈRES. — Ne m'en demandez pas plus... Mais je dis la vérité, je le jure. Un double danger pèse sur votre tête...

MADELOUN. — Jésus Miséricordieux ! Qu'allons-nous devenir ?

MISÉ BRUN. — J'ai foi en vos paroles, Monsieur, quoiqu'elles soient bien étranges !... Cet accident qui nous arrive, n'est pas naturel comme, du reste, le voyage que nous venons de faire sur l'avis d'un faux messager... Etes-vous certain qu'en passant la nuit ici nous ne risquerons plus rien et qu'en partant demain, nous arriverons à Aix sans être inquiétées ?

M. DE GALTIÈRES, *avec découragement, se parlant à lui-même.*— Sais-je bien à quoi sont décidés ces misérables après les paroles que j'ai entendu prononcer par l'un d'eux à Manosque?... Ils remettraient leur tentative à demain ou peut-être même tenteraient quelque piége cette nuit... *(A Misé Brun.)* Madame, vous venez de dire que vous me croyez sincère. Auriez-vous le courage de vous confier à moi, que vous ne connaissez pas, qui vous semble peut-être suspect ?...

MADELOUN, *avec enthousiasme.*—Vous avez l'air, au contraire, d'un brave Monsieur !

M. DE GALTIÈRES. — Me permettriez-vous de vous guider, de vous accompagner jusqu'à Aix ?...

MISÉ BRUN. — J'accepte aussi loyalement que vous m'offrez, et je souhaite que Dieu vous récompense de la protection que vous accordez si généreusement à de pauvres femmes....

M. DE GALTIÈRES, *à part.* — Ma présence empêchera peut-être ces lâches... En tout cas... *(Il écarte légèrement son manteau et on aperçoit une paire de pistolets.)*

SCÈNE XIII.

LES MÊMES, TOINETTE.

TOINETTE. *(Elle entre par la porte du fond.)* — La carriole est réparée...

M. DE GALTIÈRES, *à Misé Brun.*— Venez, et ayez confiance, Madame...

MISÉ BRUN. — Je m'appelle Misé Brun. *(Ils sortent.)*

SCÈNE XIV.

TOINETTE, CADET.

CADET. *(Il entre par la droite.)*—Je vais t'apprendre du nouveau, Toinette, je quitte le Cheval-Rouge.

TOINETTE. — Malheureux !... Est-ce que tu te serais enrôlé?...

CADET. — Je m'en serais bien gardé.

TOINETTE. — Tu as trouvé une autre condition ?

CADET. — Mieux que cela. *(Il sort la bourse.)*

TOINETTE. — Tu as trouvé une bourse...

CADET. — Trouvé... Je n'ai pas trouvé, j'ai gagné cet or et il va me permettre d'annoncer, quand il sera de retour d'Aix, à Maître Bérard, notre patron ; que j'en ai assez du métier de valet d'écurie !...

Toinette.— Que feras-tu ?...

Cadet.— Je vivrai de mes rentes...

Toinette.— Avec ces quelques pièces d'or ?...

Cadet.— Ou plutôt, j'entrerai au service d'un grand seigneur qui se montrera aussi généreux que le gentilhomme qui m'a donné tout-à-l'heure...

Toinette.— Ah ! C'est un de ces gentilshommes qui viennent de partir...

Cadet.— Ils se sont cachés, je ne sais pourquoi, dans les rochers...

(On entend deux coups de feu successifs. Cadet et Toinette laissent échapper un cri de frayeur.)

Toinette.— C'est des rochers qué cela part, va voir, ce qui s'y passe, Cadet.

Cadet.— Je m'en garderais bien... Je suis mort !

Toinette.— Poltron !

(Un troisième coup de feu retentit plus voisin, M. de Galtières entre, soutenant Misé Brun, et la dépose sur un siége à gauche.)

SCÈNE XV.

Les mêmes, MISÉ BRUN, M. DE GALTIÈRES.

Misé Brun.— Ah ! Monsieur, vous m'avez sauvée !...

M. de Galtières, *d'une voix forte.*— Ce n'est pas assez... Il faut que je châtie ces infâmes ! *(Il sort par le fond.)*

FIN DU PREMIER ACTE.

DEUXIÈME ACTE

DEUXIÈME TABLEAU

LE CHATEAU DE NIEUZELLE

Un salon largement ouvert sur une terrasse ornée de statues et de grands vases. Une balustrade ferme, dans le fond, cette terrasse, d'où l'on descend par un escalier de quelques marches dans un jardin. Portes à droite et à gauche.

SCÈNE PREMIÈRE

M. DE GALTIÈRES, DOMINIQUE, SIMON, *un bouquet de violettes à la main.*

DOMINIQUE, *à Simon.* — C'est pour Mademoiselle que tu apportes ces fleurs, petit Simon ?

SIMON. — Oui, Dominique. — Vous savez qu'elle les aime tant !

DOMINIQUE. — Dépêche-toi... Mais qu'as-tu ?

SIMON. — *(Il paraît avoir été surpris à la vue de M. de Galtières.)* Rien... rien... *(Un peu égaré).* Quel est ce Monsieur ?...

DOMINIQUE. — Tu es bien curieux... *(Il pousse Simon qui sort par la gauche.)*

SCÈNE II.

M. DE GALTIÈRES, DOMINIQUE.

M. DE GALTIÈRES. — Qu'est-ce ?

DOMINIQUE. — Ne faites pas attention, cet enfant est un peu sauvage. La vue d'un étranger l'a surpris.

M. DE GALTIÈRES. — Décidément Nieuzelle vaut la peine d'être visité avec ses tourelles, ses salles d'armes, ses remparts qui rappellent d'autres âges... La forteresse a dû subir des assauts à l'époque où il y avait la guerre dans ces contrées ?

DOMINIQUE. — Et de terribles encore !... Il y avait non loin d'ici la demeure d'un baron huguenot, et les gens des deux châteaux passaient leur temps à s'assiéger tour à tour, car les Nieuzelle n'ont cessé d'être fidèles au roi et catholiques...

M. DE GALTIÈRES. — Vous paraissez bien connaître l'histoire de cette famille.

DOMINIQUE. — Ce n'est pas étonnant, Monsieur, je suis né sur ses terres et j'étais tout jeune encore lorsque M. le marquis, père du marquis actuel, me prit à son service... M. le marquis avait deux fils. L'aîné est mort, il y a déjà plusieurs années, et c'était un bien bon maître... Le second a perdu la raison. Je vous ai montré la tourelle qu'on lui fait habiter avec le domestique chargé de le soigner...

M. DE GALTIÈRES. — J'ai entendu parler d'un comte de Nieuzelle...

DOMINIQUE. — C'est le fils du frère cadet... Mlle Adrienne est la fille de l'aîné...

M. DE GALTIÈRES. — M. le comte de Nieuzelle est-il souvent ici ?

DOMINIQUE. — Rarement, depuis surtout qu'il a été nommé capitaine au régiment de Lyonnais, en garnison à Aix... C'est Mme la marquise, sa mère, qui est maîtresse au château en attendant la majorité de Mlle Adrienne, seule héritière.

M. DE GALTIÈRES. — Le fils aîné de votre premier maître n'a donc pas eu d'héritier mâle ?

DOMINIQUE. — Non, quoique... Je ne peux en dire plus. Il y a des choses que les serviteurs savent et qu'ils ne doivent pas répéter.

M. de Galtières. — J'apprécie votre discrétion... Excusez ma curiosité... je suis un étranger que depuis deux ou trois mois seulement des affaires font venir de temps en temps dans ce pays. J'ai vu plusieurs fois, en passant, cette demeure seigneuriale et il m'a pris l'envie de la visiter... Vous avez été assez bon pour me guider dans les ruines du vieux château... Après avoir parcouru les lieux où habitent les Nieuzelle, j'ai malgré moi éprouvé le désir de m'informer des derniers survivants de cette fière race. On m'a dit surtout beaucoup de bien...

Dominique. — De Mlle Adrienne, n'est-ce pas ? Oh ! c'est un ange de vertu. Elle est connue de tous les environs... Il n'est pas de chaumière où son nom ne soit béni... Mme la Marquise, au contraire, qui est créole et que M. le marquis a épousée à l'Ile-de-France, alors que son frère était chef de la famille, est peu connue au dehors, car elle ne sort jamais que pour se rendre quelquefois à Aix... Mais je bavarde, je bavarde... Voulez-vous voir maintenant la partie moderne du château après avoir vu l'ancienne ?

M. de Galtières. — Volontiers.

Dominique, *désignant la droite.* — C'est de ce côté que se trouve la galerie des portraits. *(Ils sortent par la droite.)*

SCÈNE III.

SIMON, Mlle DE NIEUZELLE *(Adrienne)*

Adrienne, *entrant par la gauche, 2e plan, un bouquet à la main.* — Merci pour tes violettes, mon ami, tu sais que je les aime beaucoup...

Simon. — Ce n'est pas tout, Mademoiselle, j'ai autre chose à vous remettre, mais je n'ose...

Adrienne. — Qu'est-ce donc ? *(Voyant Simon, sortir une lettre.)* Une lettre ?

Simon. — Oh ! pardon, j'ai rencontré M. René et il avait l'air si malheureux ! C'est non loin d'ici, sur la route, du côté de Mauléon...

Adrienne. — Il n'est donc pas à Aix. Donne-moi, Simon...

Simon. — Voici, Mademoiselle... Vous ne m'en voulez pas ?

Adrienne, *décachetant la lettre.* — Que peut-il lui être arrivé ? *(Regardant la lettre.)* Rien, grâce à Dieu, mais l'inquiétude, le chagrin de ne plus me voir... Pauvre ami ! *(Lisant.)* « Le bruit court de

« plus en plus à Aix que vous devez épou-
« ser votre cousin... Je sais que vos pa-
« rents désirent que ce mariage s'accom-
« plisse, mais je sais aussi que vous ne
« consentirez jamais à cette union...
« Néanmoins, j'ai peur !... » Oh ! il a bien tort !... « Je vous aime, Adrienne, comme « je n'ai jamais aimé et je crois en vous, « comme je crois en Dieu ! » Cher René !... Il termine en me demandant quand il pourra me voir... Hélas, c'est bien difficile ! Dis-moi, Simon, M. le chevalier t'a-t-il dit à quelle heure tu le rencontrerais ?

Simon. — Oui, ce soir...

Adrienne. — Te chargerais-tu de lui remettre une réponse ?...

Simon. — Certainement... Je crois que vous le rendriez bien heureux...

Adrienne. — Avant de quitter le château, viens me trouver... *(Tirant une bourse de sa poche.)* Mais il faut que je te paie les fleurs...

Simon. — Oh ! merci, Mademoiselle, je suis trop content que vous ayiez bien voulu les accepter...

Adrienne. — Tu as perdu cependant ton temps à les chercher dans la colline.

Simon. — Ne m'enlevez pas ma satisfaction, ma bonne demoiselle... J'ai tant d'affection pour vous qui avez soigné ma vieille mère, qui l'avez consolée sur son lit de mort !

Adrienne. — Tu es reconnaissant, mais...

Simon. — Je n'oublierai jamais ce que vous avez fait... Vous me demanderiez ma vie que je vous la donnerais à vous ainsi qu'à un autre...

Adrienne. — Ah !...

Simon. — Oui, Mademoiselle, il est une autre personne à laquelle mon cœur a voué un culte...

Adrienne. — Et cette personne ?...

Simon. — Je n'ose pas vous la faire connaître...

Adrienne. — Raconte-moi...

Simon. — Il y a de cela plusieurs années... J'avais dix ans à peine, mais il me semble que c'était hier... Mon père venait d'être enterré dans le cimetière du village... Nous étions d'autant plus tristes dans la chaumière que sa mort nous avait laissés sans ressources et que, faute par nous de payer le loyer que nous devions au château, l'intendant allait nous expulser... Ma mère se désolait et se demandait ce que nous ferions sans asile, quand soudain un homme entra et nous dit: « Je « connais la cause de votre chagrin et il me

« plaît qu'elle cesse !» A ces mots, il jeta aux pieds de ma mère un sac plein d'argent...

ADRIENNE. — En vérité !...

SIMON. — Oui, ce sac renfermait amplement de quoi payer l'intendant et attendre des jours plus prospères... Nous étions sauvés !...

ADRIENNE. — Et vous n'avez jamais su quel était cet homme ?

SIMON. — Attendez... Pénétrée de reconnaissance, ma mère demanda à l'inconnu son nom, pour qu'elle pût le vénérer, supplier Dieu dans ses prières de lui accorder prospérité et bonheur... « Oui, dit-il, « j'ai besoin que l'on prie pour moi... « Mon nom est un nom maudit : « Je « m'appelle Gaspard de Besse ! »

ADRIENNE. — Gaspard de Besse !

SIMON. — J'étais bien sûr que vous seriez étonnée... Pour beaucoup de gens, Gaspard de Besse n'est qu'un bandit que la potence réclame, pour ma mère et pour moi ce fut un cœur généreux à qui nous dûmes le salut... Jusqu'à son dernier soupir, ma mère l'a béni comme elle vous a béni, vous... Et moi je me souviendrai toujours...

ADRIENNE (1). — Tu as raison Simon... Quand on accepte un bienfait, il ne faut pas s'imaginer que l'indignité de la personne à laquelle vous le devez, vous dégage de la reconnaissance. D'ailleurs, ce n'est pas la première bonne action que j'entends attribuer à Gaspard de Besse.. Si quelque chose peut lui faire pardonner son terrible métier, c'est de n'attaquer que les grands et les forts, et d'épargner les petits et les faibles... Je souhaite que sa générosité puisse lui servir si un jour...

SIMON. — Oh ! Mademoiselle, il vaut certainement mieux que ceux qu'il attaque d'habitude, que celui que les paysans représentent sous la forme d'un chat qu'ils pendent aux branches d'arbres, que M. l'intendant...

ADRIENNE (2). — Tais-toi... Va à l'office pendant que je ferai la lettre que tu remettras de ma part à M. le chevalier ..

(Simon sort par la gauche.)

SCÈNE IV.

RENÉ DE MAULÉON, ADRIENNE.

RENÉ. — *(Il est entré par le fond pen-*

(1) Adrienne, Simon.
(2) Simon, Adrienne.

dant les dernières paroles d'Adrienne.) — Il est inutile de m'écrire aujourd'hui, Adrienne, car je suis là !

ADRIENNE. — René !...

RENÉ. — *(Il l'embrasse.)* — Oui, moi !...

ADRIENNE. — Mon René !

RENÉ. — Je n'ai pu m'éloigner sans vous voir, ma bien aimée... Je croyais d'abord qu'il me suffirait d'apercevoir les tourelles de la demeure que vous habitez... j'ai ensuite désiré vous faire savoir que j'étais dans le voisinage, puis je me suis décidé à tout braver pour me trouver en votre présence...

ADRIENNE. — Mon cousin n'est pas à Nieuzelle...

RENÉ. — Ce n'est pas de lui que j'ai peur, mais des persécutions dont vous pourriez être après l'objet de la part de sa mère...

ADRIENNE. — Elle a défendu qu'on vous laissât entrer dans le château... Comment avez-vous fait ?

RENÉ. — J'ai escaladé la muraille du jardin et tout le monde ignore que je suis ici.

ADRIENNE. — Prenez garde, mon ami, ma tante a donné l'ordre de tirer sur vous si l'on vous apercevait...

RENÉ. - Elle me prend donc pour une bête fauve, la chère dame ! Votre père n'était pas ainsi... Il est vrai que j'étais plus jeune...

ADRIENNE. — Mon père vous aimait comme son fils.... Quand vous aviez quinze ans et que j'en avais dix, il mettait volontiers ma main dans la vôtre... *(Souriant.)* Je crois qu'il n'aurait pas vu, d'un mauvais œil, finir la haine héréditaire des Mauléon et des Nieuzelle par un bon mariage...

RENÉ. — D'autant plus que cette haine n'a plus raison d'être... Ce qui avait surtout rendu ennemis les catholiques Nieuzelle et les huguenots Mauléon c'étaient des prétentions égales, une puissance à peu près semblable... De là, était née une rivalité qui se traduisait par des querelles incessantes... La révocation de l'édit de Nantes a définitivement ruiné Mauléon. Il ne reste plus de toute sa splendeur qu'un manoir en ruines qui s'écroulerait sur l'unique héritier si celui-ci n'avait pas vendu au Roi de France son épée pour une modeste lieutenance...

ADRIENNE. — Oui, dans le régiment de Lyonnais, celui où mon cousin est, par grâce spéciale, capitaine depuis quelques jours seulement...

RENÉ. — Peu m'importe!... Je saurai bien déchirer mon brevet le jour où il s'agira de croiser le fer...

ADRIENNE. — Je ne veux pas, René, je ne veux pas !...

RENÉ. — Vous avez donc pour moi un peu de l'amour ardent que j'éprouve pour vous...

ADRIENNE. — En doutez-vous ?

RENÉ. — Oh! je voudrais toute ma vie être à vos genoux... *(Il tombe à genoux.)*

ADRIENNE. — Relevez-vous... Ici nous ne sommes pas en sûreté... Allons plutôt passer dans le jardin les moments que nous devons rester ensemble... Ma tante viendra d'un moment à l'autre dans ce salon d'été et je crains... Justement j'entends des pas... *(Elle entraîne René. Ils sortent tous les deux par le fond.)*

SCÈNE V.

SIMON, *entrant par la gauche.* — Mademoiselle... Eh bien ! elle n'est pas ici, il me semblait cependant... Je voulais la prévenir que son cousin, M. le comte, vient d'arriver au château... Peut-être est-elle là ?... *(Il se dirige vers la porte à droite, par laquelle M. de Galtières et Dominique sont sortis. Entr'ouvrant la porte et regardant.)* Mais non, il n'y a dans la galerie que Dominique et cet étranger... C'est singulier, il me semble que ce n'est pas la première fois que je le vois... Rejoignons Mademoiselle. *(Il sort par le fond.)*

SCÈNE VI.

BRUNO, BRUN, Mme DE NIEUZELLE.
(Ils entrent par la gauche.)

Mme DE NIEUZELLE. — C'est bien à vous, Maître Brun, de m'avoir évité la peine de me rendre à Aix pour nous entendre au sujet...

BRUN. — Il n'y a pas à me remercier, Madame, c'est en ne vous voyant pas venir, que j'ai pris naturellement la route de chez vous malgré le danger qu'il peut y avoir...

Mme DE NIEUZELLE. — C'est vrai... Les routes ne sont pas sans offrir quelque danger par ici... Il y a peu de temps on a arrêté un convoi qui portait un million de livres à M. l'intendant de Provence et, malgré les soldats de l'escorte, les bandits de Gaspard de Besse se sont emparés de cette somme...

BRUN. — Je connais cette affaire... Ma femme rentrait de Manosque, ce jour-là, et elle n'a dû qu'au hasard de ne pas être attaquée en même temps que le convoi...

Mme DE NIEUZELLE. — C'est très heureux...

BRUN. — Mais, Madame la marquise, ma visite n'a d'autre but que l'argent.

Mme DE NIEUZELLE. — Maître Brun, je suis bien fâchée... Il faudra que vous retourniez les mains vides...

BRUN. — Comment ?

Mme DE NIEUZELLE. — Je ne suis pas en position de vous payer la somme convenue...

BRUN. — En vérité !

Mme DE NIEUZELLE. — C'est un retard et voilà tout... Vous savez que vous n'avez rien à craindre puisque vous avez entre les mains des bijoux dont la valeur... et puis d'ailleurs le château de Nieuzelle, ses terres...

BRUN. — Le château, les terres ne vous appartiennent pas... Mlle de Nieuzelle, votre nièce, est seule riche ici et vous serez obligée de lui rendre des comptes...

Mme DE NIEUZELLE. — N'est-elle pas la fiancée de mon fils ?

BRUN. — Elle le hait...

Mme DE NIEUZELLE. — Qui vous a appris ?...

BRUN. — Je suis descendu à l'auberge du village!... Dame !... Je ne savais pas si l'on me ferait bon accueil au château...

Mme DE NIEUZELLE. — Et c'est là qu'on vous a raconté ?...

BRUN. — Ce que disent tous vos serviteurs... Oh! rassurez-vous, j'ai interrogé discrètement, avec beaucoup de prudence... Rien n'est donc moins sûr que le mariage de Mlle Adrienne avec M. le comte... De plus, il est certaine histoire... mais elle est si étrange.

Mme DE NIEUZELLE, *ironiquement.* — De quoi s'agit-il ?

BRUN, *froidement.* — D'un enfant perdu et d'une femme morte...

Mme DE NIEUZELLE, *pâlissant.* — Ah !

BRUN. — Je ne m'y suis pas arrêté... Quant aux bijoux, sais-je même s'ils sont à vous et si on ne me reprochera pas de les avoir acceptés en gage sans m'être assuré de...

Mme DE NIEUZELLE, *avec hauteur.* — Vous allez trop loin, Maître Brun...

BRUN. — Je veux être payé, Madame la marquise... Vous m'avez promis de me rembourser vite le capital et de me servir les intérêts en attendant... Je ne vois dans mes caisses ni intérêt, ni capital...

Mme DE NIEUZELLE (1). — Rassurez-vous et accordez-moi quelques jours...

BRUN. — Je vous en donne quinze.

Mme DE NIEUZELLE. — Ce sera suffisant... Je ne vous croyais pas un prêteur sur gages aussi impitoyable...

BRUN. — Je ne suis pas prêteur sur gages, mais orfèvre...

Mme DE NIEUZELLE. — Enfin, vous cumulez... Il faudra que j'engage mon fils à aller faire chez vous ses achats...

BRUN. — Oh ! ne me parlez pas de votre fils, Madame... J'ai reçu assez de visites de lui à Aix... Il a passé plusieurs jours presque entiers chez moi sous prétexte de faire un choix... Après avoir tout vu, bouleversé toute ma boutique, il a fini par donner sa préférence à un bijou qu'il m'a fait mettre de côté et qu'il n'est plus venu prendre... Cela ne l'empêche pas de rester toute la journée dans mon quartier, je ne sais pour quel motif... Mais n'est-ce pas lui ?

SCÈNE VII.

Mme DE NIEUZELLE, NIEUZELLE, BRUN.

NIEUZELLE, *du fond.* — Oui, moi en personne... Tiens, maître Brun !

Mme DE NIEUZELLE. — Mon fils...

NIEUZELLE. — Vous aussi, ma mère, vous semblez surprise de me voir...

Mme DE NIEUZELLE. — J'avoue que je ne m'attendais pas...

NIEUZELLE. — Votre vue me rappelle, Maître Brun, un bijou de cent louis que j'ai choisi l'autre jour chez vous... J'enverrai mon domestique pour le retirer...

BRUN. — Avec l'argent pour le payer ?

NIEUZELLE. — Dieu me pardonne ! Je crois qu'il me questionne !

BRUN. — C'est que si le domestique n'avait pas l'argent, je ne le livrerais pas.

NIEUZELLE. — Veux-tu te taire, maroufle ! Tu en serais trop honoré...

BRUN. — Non, Monsieur le comte... *(Plus bas à la marquise.)* Dans quinze jours... *(Il sort par le fond et tourne à droite.)*

SCÈNE VIII.

NIEUZELLE, Mme DE NIEUZELLE.

NIEUZELLE. — Je n'avais jamais remarqué ici, ma mère, cette sotte figure que je vois d'habitude entre un visage plus gracieux et moi...

Mme DE NIEUZELLE. — C'est vrai ; c'est la première fois... et j'ai peur que ce ne soit pas la dernière.

NIEUZELLE. — Comment...

Mme DE NIEUZELLE. — C'est un créancier...

NIEUZELLE. — Un créancier...

Mme DE NIEUZELLE. — Cela vous étonne... Vous me demandez toujours de l'argent... Il a bien fallu m'en procurer... Vous n'ignorez pas que nous ne sommes pas riches...

NIEUZELLE. — La désagréable chose d'avoir un nom et pas de fortune pour le porter...

Mme DE NIEUZELLE. — Vous n'avez pas eu jusqu'ici beaucoup à vous plaindre.

NIEUZELLE. — Mais oui. Ce qu'il me faudrait à moi ce sont des richesses immenses dont je pourrais librement disposer pour satisfaire tous mes caprices, toutes mes volontés, ce sont des trésors dans lesquels je puiserais à pleine main et que je répandrais autour de moi, non pour me faire aimer, estimer, mais pour mon agrément personnel... Je suis plein d'ambition, j'ai soif de plaisirs... Pour être tout puissant, pour que tout soit accessible à l'homme, il ne lui est nécessaire que d'avoir de l'or... Je comprends les peuples qui avaient fait de ce métal un Dieu !

Mme DE NIEUZELLE (1). — Ces désirs insatiables m'effraient... C'est égal, il est prêt à tout faire comme moi jadis !...

NIEUZELLE. — Oui, comme vous, ma mère, qui, de simple esclave d'un planteur de l'Ile-de-France, êtes parvenue à être la marquise de Nieuzelle. Mais pourquoi, au lieu d'épouser un homme riche, avez-vous préféré épouser un homme noble ?...

Mme DE NIEUZELLE, *avec ardeur.* — Riche !... Tu veux l'être... Eh bien, tu le

_____

(1) Mme de Nieuzelle, Brun.

Mme de Nieuzelle, Nieuzelle.

seras, je le jure, car si un crime est nécessaire...

NIEUZELLE.— Un crime !... Que dites-
vous ?...

Mme DE NIEUZELLE.— Rien... Tu consens
bien à te marier avec ta cousine, la fille
de l'aîné de Nieuzelle, qui possède une
des plus belles fortunes de la contrée...

NIEUZELLE.— Elle ne m'aime pas...

Mme DE NIEUZELLE.— Que t'importe ?...

NIEUZELLE.— C'est vrai !... Mais elle
me déteste.

Mme DE NIEUZELLE.—Que t'importe encore ?...

NIEUZELLE.— Vous savez qu'elle a de
l'amour pour un autre et qu'elle résis-
tera...

Mme DE NIEUZELLE, *avec force.* — Je
vaincrai sa résistance...

NIEUZELLE.— Vous êtes bien forte, ma
mère, et je préfère être votre fils que votre ennemi...

Mme DE NIEUZELLE. — Tu as raison...
Une seule créature a essayé de me braver
et cela lui a coûté l'honneur et la vie...

NIEUZELLE.— Oui... la première femme
de mon oncle...

Mme DE NIEUZELLE.— Il y a de cela près
de trente ans... Tu venais à peine de naître... Le frère de ton père portait alors le
titre de marquis en sa qualité d'aîné... Il
s'était mésallié lui aussi...Tandis que son
cadet avait épousé à l'Ile-de-France, Cora,
l'esclave, il avait choisi, en France, Marie,
la fille du garde-chasse, qui lui avait inspiré un violent amour. Nous habitions ce
château, car le marquis, oubliant certai-
nes querelles, nous avait offert un asile,
mais notre état était en quelque sorte un
état de dépendance. La fille du garde-
chasse était, surtout avec moi, d'une fierté
insupportable... Elle exerçait sur son
mari un empire sans borne qui s'accrut
encore lorsqu'elle lui donna un fils... Il
me vint à l'idée, dans mon intérêt et dans
l'intérêt de l'enfant que j'avais moi-
même, d'essayer de la combattre et d'ins-
pirer sur elle des soupçons au marquis...

NIEUZELLE.— Vous y avez réussi, n'est-
ce pas, car vous êtes, quand vous le voulez, d'une adresse infernale ?...

Mme DE NIEUZELLE.— Oui, je parvins à
faire croire à l'imbécile époux qu'il était
trahi, que le fils qu'il regardait comme le
sien était le fruit de l'adultère... Je n'ai
jamais entendu scène aussi violente que
celle qui eut lieu un soir d'hiver... Le
marquis menaçait et sa malheureuse
femme suppliait, pleurait... Soudain, je
la vis saisir le petit être qu'elle avait mis
au monde quelques mois auparavant et,
après avoir une dernière fois essayé de
fléchir le mari, sortir de la seigneuriale
demeure... Il neigeait et Marie marchait
tout droit devant elle, sans faire attention où elle allait... Bientôt elle disparut
dans la nuit...

NIEUZELLE. — Le lendemain l'on re-
trouva son cadavre à quelque distance du
château... Elle avait succombé au froid,
à la douleur et à la honte...

Mme DE NIEUZELLE. — J'étais vengée!...
Mais, ce qu'il y a de plus surprenant,
c'est qu'on ne trouva pas à côté d'elle le
corps de l'enfant...

NIEUZELLE.— On ignore ce qu'il est devenu !

Mme DE NIEUZELLE.— Je n'ai jamais pu
parvenir à le savoir malgré mes efforts...

NIEUZELLE. — Peut-être a-t-il été recueilli par quelque paysan...

Mme DE NIEUZELLE. — Si cela était,
crois-tu que je ne l'aurais pas appris ?
J'avais des hommes sûrs...

NIEUZELLE. — Je ne serais pas étonné
de voir reparaître un jour cet héritier qui
me ravirait d'abord le titre que porte mon
père, puis...

Mme DE NIEUZELLE (1). — Nous traite-
rions d'imposteur cet individu. Comment
prouverait-il qu'il est Nieuzelle ?...

NIEUZELLE. — Vous avez réponse à
tout... Mais si vous avez pu desservir auprès du marquis sa première femme, vous
ne l'avez pas empêché de se remarier
quelques années après ?...

Mme DE NIEUZELLE.—Il est vrai... Après
la mort de Marie, ma présence lui devint
si odieuse, que ton père et moi fûmes
obligés de nous éloigner de ces contrées.
Il resta plongé plusieurs années dans une
sombre mélancolie dont il ne sortit que
pour épouser une jeune personne de
grande maison qui mourut en donnant le
jour à une jeune fille...

NIEUZELLE.— Adrienne !...

Mme DE NIEUZELLE. — Oui, Adrienne
que je t'ai destinée dès que le marquis a
été mort, alors qu'elle avait à peine une
douzaine d'années, et par qui tu auras
toute la fortune...

NIEUZELLE. — Vous ne pouvez la con-
traindre...

Mme DE NIEUZELLE, *d'un ton sombre.*—
Si elle refuse d'obéir, je ne ferai attention

(1) Nieuzelle, Mme de Nieuzelle.

qu'à une chose, c'est qu'elle est un obstacle. Il faut d'ailleurs que je la décide bientôt...

NIEUZELLE, *voyant entrer par le fond Adrienne qui a l'air rêveur et qui ne les voit pas d'abord.* — Ma mère, la voici...

Mme DE NIEUZELLE. — C'est le moment d'agir ! Laisse-nous...

SCÈNE IX.

LES MÊMES, ADRIENNE (1).

ADRIENNE. *(Elle s'avance lentement et se parle à elle-même.)* — Quand le reverrai-je maintenant ?... Il m'a dit qu'il m'aimait plus que jamais... Et moi aussi comme je l'aime !...

NIEUZELLE, *s'inclinant devant elle.* — Mademoiselle.

ADRIENNE, *arrachée à sa rêverie, a un mouvement brusque.* — C'est vous, Monsieur !

NIEUZELLE. — Vous préféreriez que ce fût un autre sans doute...

ADRIENNE. — Peut-être, Monsieur...

NIEUZELLE, *s'inclinant de nouveau.* — Je vous remercie... *(Il sort par le deuxième plan à droite. Adrienne veut sortir par la gauche, Mme de Nieuzelle la retient.)*

SCÈNE X.

ADRIENNE, Mme DE NIEUZELLE.

Mme DE NIEUZELLE. — Restez, Mademoiselle, je veux vous demander la cause du dédain que vous venez, maintenant encore, de manifester à l'égard de mon fils...

ADRIENNE. — J'ai été franche avec M. le comte... La présence d'autres personnes me serait certainement plus agréable que la sienne...

Mme DE NIEUZELLE. — C'est cependant votre fiancé, l'époux qui vous est destiné...

ADRIENNE. — Mon fiancé n'est pas M. le comte...

Mme DE NIEUZELLE. — Vous vous trompez...

ADRIENNE. — Non, Madame, car s'il est une chose que je connaisse bien, c'est l'état de mon cœur.

Mme DE NIEUZELLE. — Vous vous abu-

(1) Nieuzelle, Adrienne, Mme de Nieuzelle.

sez, pauvre enfant... Voyons, qui croyez-vous aimer ?

ADRIENNE. — Vous le savez bien... C'est l'ami d'enfance que vous avez exilé de cette demeure, c'est le chevalier de Mauléon, c'est René...

Mme DE NIEUZELLE. — Un simple lieutenant au régiment de Lyonnais où mon fils est capitaine.

ADRIENNE. — René est pour moi plus qu'un prince, c'est mon ami, mon seigneur et mon maître.

Mme DE NIEUZELLE. — Je plains votre poétique exaltation, mais dans un mois vous serez mariée avec le comte... Je réunirai le conseil de famille et il saura bien vous forcer à contracter une union qui empêchera la gloire de notre maison de périr et les biens de passer sous un autre nom...

ADRIENNE. — C'est une fortune qu'il vous faut, prenez-la...

Mme DE NIEUZELLE. — Vous ne pouvez pas en disposer...

ADRIENNE. — Oui, mais je peux disposer de ma personne ; je peux, même au pied de l'autel, refuser mon consentement et ne pas vouloir devenir la femme d'un homme que je méprise, que je hais... Je préfère le couvent et la mort au comte de Nieuzelle.

Mme DE NIEUZELLE, *s'élançant vers elle.* — Malheur à vous !

ADRIENNE. — Frappez-moi, vous ne me ferez pas changer de résolution.

Mme DE NIEUZELLE. — Tu ne sais pas ce qui te menace... *(Elle sort par la gauche.)*

ADRIENNE. — Je n'ai pas peur ! *(Elle sort par le fond.)*

SCÈNE XI.

M. DE GALTIÈRES, *puis* SIMON *et* DOMINIQUE.

M. DE GALTIÈRES, *entrant par la droite ; il a entendu la fin de la scène.* — La noble enfant !... C'est bien une véritable Nieuzelle ! Oh ! je saurai la protéger. *(Simon est entré pendant ces dernières paroles par la gauche sans être vu par M. de Galtières et s'est caché. Dominique, qui s'est montré à droite, va vers M. de Galtières.)*

DOMINIQUE. — Pardon de vous avoir

laissé seul un moment, Monsieur... Voulez-vous continuer la visite ?...

M. DE GALTIÈRES.— Non, je suis obligé de me retirer, merci !... *(Ils sortent par le fond.)*

SIMON, *sortant de sa cachette.* — J'ai bien reconnu cet homme que l'on dit être un étranger, c'est notre sauveur, c'est Gaspard de Besse !

RIDEAU.

TROISIÈME TABLEAU

CHEZ L'ORFÈVRE

L'arrière-boutique de l'orfèvre Bruno Brun à Aix. Dans le fond, porte ronde donnant sur la boutique ; portes à droite et à gauche. Fenêtre à droite au premier plan, table et siéges non loin de la fenêtre.

SCÈNE PREMIÈRE.

CADET, BRUN.

BRUN.— Surtout ne t'éloigne pas pendant mon absence, ne perds de vue ni la boutique ni le coffre-fort.

CADET.— Soyez tranquille...

BRUN. — Et si quelque bel officier, comme il en vient tant depuis quelques semaines, me demandait, tu lui dirais de repasser et tu ne lui permettrais pas de m'attendre ici...

CADET.— Je vous le promets.

BRUN.—Encore une recommandation... Je ne resterai pas longtemps dehors, il n'en faudra pas moins me raconter à mon retour tout ce qui aura eu lieu...

CADET.— Mon rapport sera fidèle.

BRUN.— Sers-moi bien... et j'augmenterai tes gages... à Pâques...

CADET.— Ou à la Trinité !

BRUN, *se retournant.* — Qu'as-tu dit ?

CADET. — Je dis que je vous servirai avec fidélité, Monsieur.

BRUN. — C'est bien ! *(Il sort par le fond.)*

SCÈNE II.

CADET, *seul.*— Ah ! ça, mais non, mais non !... Il m'agace celui-là avec ses recommandations... Décidément j'ai eu tort de quitter le métier de valet d'écurie... Il me semblait que les pièces d'or que m'avait données ce gentilhomme ne finiraient jamais... Elles ont fini, hélas ! car tout a un terme ici-bas, et je me suis trouvé à Aix sans place et sans position, ayant la faculté, il est vrai, de dormir tout à mon aise à la belle étoile, mais, obligé de me serrer le ventre à l'heure du dîner... J'avais d'abord l'espérance d'apercevoir le gentilhomme qui m'avait si largement payé et de me faire prendre par lui à son service... Il m'a fallu renoncer à cette planche de salut ! J'ai bien rencontré le gentilhomme en question, mais il a refusé de me reconnaître et, comme j'insistais, il m'a traité de maraud !... Maraud !... maraud !... Oui, c'est bien maraud qu'il a dit !... J'étais sur le point de mourir de faim quand j'ai appris que cet orfèvre avait besoin d'un garçon pour tout faire. Je me suis présenté et me voilà !... Maintenant, une chose singulière... Au lieu d'entrer chez celui qui voulait enlever la jolie voyageuse du *Cheval-Rouge*, je suis entré chez la jolie voyageuse elle-même, ou plutôt chez son mari... Je suis chez la victime au lieu d'être chez le tyran. Et ma foi je ne jurerais pas que le tyran ait renoncé à toute entreprise sur la victime, car je le vois rôder sans cesse... Il faudra que je surveille.

SCÈNE III.

CADET, MADELOUN. *(Madeloun est entrée par la porte du deuxième plan, à droite.)*

MADELOUN. — Cadet... C'est vous, Cadet ?

CADET. — Bon ! voilà la vieille... Que me veut-elle encore celle-là ?

MADELOUN. — Maître Brun est-il sorti ?

CADET. — Apparemment, puisqu'il n'est plus dans la maison.

MADELOUN. — Vous n'êtes pas de bonne humeur aujourd'hui...

CADET. — Je suis fatigué... voilà tout !

MADELOUN. — Vous n'avez cependant pas fait grand'chose...

CADET. — J'aurais fait beaucoup si j'avais fait tout ce que j'ai à faire... Et puis me lever à cinq heures à cette époque-ci, deux heures avant le jour...

MADELOUN. — Je me lève tous les matins à quatre heures, moi, pour aller à la première messe à Saint-Sauveur.

CADET. — Oui, mais vous êtes vieille, vous, et moi...

MADELOUN. — Vous êtes un malhonnête ! *(Elle sort furieuse par la gauche.)*

CADET, *riant.* — Attrape... Cela t'apprendra à me faire les yeux doux et à croire que ton défunt mari pourrait bien trouver en moi un remplaçant... Je veux bien lui permettre de faire les trois quarts de la besogne, me laisser soigner, dorloter... Mais elle doit s'arrêter là. *(Coquelicot et Bavard entrent par le fond sans que Cadet s'en aperçoive.)*

SCÈNE IV.

COQUELICOT, CADET, BAVARD.

COQUELICOT, *frappant sur l'épaule de Cadet.* — Bonjour, jeune homme...

CADET. — Hein ! vous m'avez effrayé !...

COQUELICOT. — Avons-nous l'aspect bien terrible ?

CADET. — Je ne vous ai pas entendu entrer... Mais je vous reconnais, vous êtes celui qui à l'auberge du *Cheval-Rouge*... Ce pauvre sergent Belamour... Quel coup d'épée !

COQUELICOT. — Précisément... Autant à votre service si cela peut vous faire plaisir...

CADET, *effrayé.* — Non certes... Je préfère vivre le plus longtemps possible,

ne serait-ce que pour avoir la satisfaction de dormir. *(Bavard est entré dans le magasin pendant ce temps.)* Malheureusement chez Maître Brun on ne le peut guère, mais je veux le quitter... Votre compagnon que fait-il ?

COQUELICOT. — Rien... Il regarde... Il observe... c'est un chercheur ! *(Appelant.)* Bavard, Monsieur désire te voir, sans doute pour faire ample connaissance avec toi.

BAVARD, *rentrant dans l'arrière-boutique* (1). — Très honoré ! *(Rapidement à Coquelicot.)* — As-tu le ciseau ?

CADET. — Qu'y a-t-il pour votre service ?... Enfin que voulez-vous ?

COQUELICOT (2). — Je vais vous dire, je vais vous expliquer... *(Bas à Bavard).* Tiens, voici le ciseau... *(A Cadet.)* Figurez-vous que mon camarade et moi... Où va-t-il, ce gredin-là ?... Il ne peut pas rester en place... Il remue toujours... Mais, après tout, il ne fait pas grand mal, ne nous occupons pas de lui... Figurez-vous donc que nous passions, Bavard et votre serviteur, dans cette rue, lorsque nous eûmes le plaisir de vous remarquer sur la porte... Voilà un jeune homme, dit l'un de nous, qui a l'air intelligent... Est-ce Bavard, est-ce moi, celui qui s'exprima ainsi ?... Je crois que c'est moi, à moins que ce ne soit Bavard qui a la manie de parler et qui ne dit que des sottises...

CADET. — Pourquoi ne reste-t-il pas ici ?

COQUELICOT. — Je vous l'ai dit... Il ne peut pas être un instant quelque part, sans examiner, sans fureter... Il se promène dans votre boutique, et cependant il n'y a rien de curieux... Tout y est enfermé... Ce n'est pas un de ces magasins d'orfèvre où les bijoux sont dans des devantures ou des vitrines. Quand on en demande, votre patron les tire du coffre-fort dont il porte toujours la clé sur lui.

CADET. — C'est vrai...

COQUELICOT. — Vous n'avez donc rien à craindre.

CADET. — Au fait !... Me direz-vous néanmoins ce qu'il vous faut ?

COQUELICOT. — C'est juste... Bavard me fit donc observer que vous aviez l'air intelligent, spirituel, aimable et il ajouta que vous deviez être un joyeux compagnon... Il y a une manière bien simple de vous en assurer, dis-je, c'est de l'inviter

(1) Coquelicot, Bavard, Cadet.
(2) Bavard, Coquelicot, Cadet.

à venir prendre un verre de vin au cabaret.

CADET. — Ah ! c'est pour m'inviter à trinquer avec vous...

COQUELICOT. — Vous avez compris...

CADET. — Oui... que vous vous moquiez de moi.

COQUELICOT. — Nullement...

CADET. — Je refuse...

COQUELICOT, *tirant son épée.* — Alors c'est une insulte, et je vais vous tuer...

CADET. — Grâce !... Je suis obligé de ne pas sortir jusqu'au retour de mon maître... Qui garderait le magasin ?

COQUELICOT, *remettant l'épée au fourreau.* — Bavard, si vous voulez...

CADET. — Quoi !... Celui qui furette toujours... Je préfère ne laisser personne.

COQUELICOT. — Allons, venez !... Nous vous trouverons peut-être, en causant, une condition meilleure...

CADET. — S'il s'agit de chercher une place, j'en suis... Mais votre camarade ne restera pas ici...

COQUELICOT. — Soyez tranquille. (*Retenant Cadet qui se dirige vers le magasin, il appelle.*) Bavard ! (*Bavard apparaît aussitôt et descend* (1), *l'air embarrassé et tenant une main cachée.*) Cet excellent jeune homme veut bien nous faire l'honneur d'accepter l'invitation.

CADET, *avec distraction.* — Oui, je veux bien avoir l'honneur, mais...

COQUELICOT, *à Cadet montrant la porte.* — Passez devant.

CADET. — Après vous.

COQUELICOT, *poussant Cadet.* — Je n'en ferai rien.

BAVARD, *tirant Coquelicot par le manteau.* — Tu sais que je n'ai pas terminé la besogne.

COQUELICOT. — Qu'est-ce que ça fait, imbécile ! tu reviendras ..

CADET. — Qu'y a-t-il ?

COQUELICOT. — Rien... rien du tout. (*Ils sortent par le fond.*)

SCÈNE V.

MISÉ BRUN, MADELOUN. (*Elles entrent par la gauche.*)

MADELOUN. — Il n'y a personne, Misé... Pas même Cadet qui doit garder la bou-

(1) Bavard, Coquelicot, Cadet.

tique sur la porte malgré la recommandation de Maître Brun...

MISÉ BRUN. — Et mon mari où est-il ?

MADELOUN. — Il est sorti et cela n'a pas été sans faire auparavant une foule de recommandations... Il est si jaloux !....

MISÉ BRUN, *souriant tristement.* — Tu crois ?.

MADELOUN (1). — Et s'il n'était pas jaloux, est-ce qu'il vous condamnerait à l'existence que vous menez ? Ne jamais sortir, ne pas quitter votre chambre, ne pouvoir même vous aventurer un peu dans le magasin, c'est à quoi il vous oblige... Je me demande encore ce qu'éprouvait Maître Brun pendant que nous étions à Manosque ?...

MISÉ BRUN. — N'avait-il pas raison d'avoir un peu d'inquiétude ?

MADELOUN. — C'est vrai... Sans cet excellent Monsieur...

MISÉ BRUN. — Dis-moi, Madeloun, ne l'as-tu pas revu depuis dimanche ?

MADELOUN. — Non, et ce matin, après la messe, j'ai en vain cherché à parler à la Monarde, la vieille mendiante de Saint-Sauveur qui avait semblé le reconnaître... La Monarde n'était pas encore à sa place habituelle, mais elle doit y être sans doute maintenant et dans un moment...

MISÉ BRUN. — Cela t'intéresse bien fort de savoir quel est ce jeune homme...

MADELOUN. — De savoir qui est notre libérateur, mais certainement... C'est d'ailleurs votre faute si nous l'ignorons encore. Vous auriez pu lui demander dimanche son nom lorsque nous l'avons rencontré en traversant le cloître de Saint-Sauveur et que nous lui avons parlé. Au lieu de cela, vous sembliez embarrassée... Vous l'avez à peine remercié... Pourquoi m'avez-vous défendu de dire à votre mari le grand danger que nous avons couru ?... Il a cru que nous avions échappé uniquement aux bandits de Gaspard de Besse en quittant le convoi, tandis qu'il y avait près du *Cheval-Rouge* des gens en embuscade qui en voulaient à votre personne et à votre honneur... Ce comte par exemple !...

MISÉ BRUN. — Tais-toi...

MADELOUN. — Oh ! si nous ne savons pas comment s'appelle celui qui nous a défendues au péril de sa vie, nous savons du moins quel est celui qui était à la tête des ravisseurs !...M. de Nieuzelle, fiancé de votre meilleure amie, eût voulu vous

(1) Misé Brun, Madeloun.

ajouter à la liste de ses nombreuses victimes et je ne crois pas qu'il y ait renoncé car...

Misé Brun. — Madeloun !

Madeloun. — C'est que je ne comprends pas votre indifférence... Il n'est permis à personne, pas même aux gentilshommes, d'employer la vive force au coin des grandes routes et si Maître Brun eût demandé à la justice le châtiment des coupables, il eût aussi exprimé sa reconnaissance au sauveur. Qu'est-ce que celui-ci doit penser ?

Misé Brun, se levant (1). — Tu oublies une chose, c'est qu'avant de nous quitter, après nous avoir conduites jusqu'aux portes d'Aix, notre libérateur nous a supplié de ne dire à personne comment nous avions été sauvées.

Madeloun. — C'est par pure modestie et, si je ne connaissais votre cœur comme je le connais, je dirais que vous êtes une ingrate. Je vais voir la Monarde.

(Elle sort par la droite.)

SCÈNE VI.

Misé Brun, seule. — Ingrate, moi ! Madeloun a tort de s'imaginer qu'elle connaît mon cœur... Ingrate !... quand mon âme tout entière est pleine du généreux inconnu qui a exposé sa vie pour nous... Je le vois encore, le pistolet à la main, tirant sur ces hommes qui ne craignaient pas de se réunir plusieurs contre deux femmes. Sa voix était vibrante, son œil étincelait d'un noble courroux... Dimanche, quand je l'ai revu pour la première fois, j'ai éprouvé une sensation étrange... Il m'a semblé que la vie était suspendue en moi... Je le regardais et les paroles s'arrêtaient sur mes lèvres... Quel était le sentiment qui me paralysait ainsi, qu'est-ce qui m'empêchait d'exprimer ma gratitude ?... Je l'ignore, mais Madeloun a bien tort de me croire ingrate.

(Elle s'assied à gauche et reste un instant pensive. Pendant ce temps on voit apparaître, dans le fond, Bavard, tenant à la main un coffret et le ciseau que lui a remis Coquelicot ; il s'avance, voyant Misé Brun, il rebrousse chemin et sort par le fond.)

SCÈNE VII.

MISÉ BRUN, MADELOUN, ADRIENNE.
(Madeloun entre la première par la porte à droite.)

Misé Brun, *arrachée à sa rêverie.* — Quoi !... Qu'est-ce qu'il y a ? Madeloun déjà !... Eh bien ?

Madeloun. — J'allais à Saint-Sauveur quand j'ai vu descendre d'une chaise... *(Adrienne entre).*

Misé Brun, *allant avec empressement vers Adrienne.* — Adrienne !

Adrienne (1). — Mon amie !

Misé Brun. — Quel bonheur de te voir ! Savez-vous que vos visites sont de plus en plus rares, méchante !

Adrienne. — C'est que nous ne quittons presque plus Nieuzelle.

Misé Brun. — Je commençais à croire que tu m'avais oubliée !

Adrienne. — Et toi qui n'es plus venue me voir depuis...

Misé Brun, *avec tristesse.* — Tu sais bien que cela ne m'est pas permis, que je suis captive.

Adrienne. — C'est vrai. Pardon !...

Madeloun. — Ma foi ! Je les laisse, moi... Plus tard peut-être la Monarde n'y serait plus. *(Elle sort par la droite.)*

SCÈNE VIII.

MISÉ BRUN, ADRIENNE.

Adrienne. — Pauvre Rose !... Je t'ai involontairement fait de la peine... Il est donc vrai... Ton mari continue à ne t'accorder aucune liberté... Moi aussi, depuis quelque temps, je ne sors plus aussi facilement de Nieuzelle ; mais du moins puis-je respirer l'air pur, ai-je la faculté d'admirer la clarté du soleil... tandis que, dans cette maison obscure, cette arrière-boutique dont la fenêtre donne sur une cour, tu ne vis pas, tu végètes !...

Misé Brun (2). — Regarde, Adrienne, j'avais mis des fleurs sur cette fenêtre... Elles sont mortes !

Adrienne. — Tu mourras comme elles si Maître Brun est toujours aussi impitoyable... Et c'est sa jalousie ?

____

(1) Misé Brun, Madeloun.

(1) Misé Brun, Adrienne, Madeloun.

(2) Adrienne, Misé Brun.

Misé Brun. *(Les deux jeunes femmes s'asseoient à droite.)* — J'ignore ce qui le pousse, il ne me laisse sortir qu'une fois par semaine, le dimanche pour aller aux offices... M'aime-t-il ? Je n'en sais rien, car de temps en temps, il se plaint d'avoir épousé une femme pauvre et dont la jeunesse ne lui donne que des inquiétudes... Je regrette le couvent...

Adrienne. — Cela changera peut-être...

Misé Brun. — Je regrette la sainte maison où s'est passée mon enfance calme et heureuse, où je t'ai connue, Adrienne lorsqu'on t'y a mise après la mort de ton père. Toi, tu étais une pensionnaire riche et noble que le monde attendait à sa sortie et à qui tout présageait une existence brillante...

Adrienne. — Une vie de combats !

Misé Brun. — Moi, j'étais une pauvre orpheline recueillie par compassion parce que, peu d'années auparavant, une de mes parentes était morte dans le couvent en odeur de sainteté... Un jour, lorsque j'eus terminé mon éducation, la bonne supérieure me prit à part et me dit : « Mon « enfant, vous voilà en âge de vous pro- « noncer vous-même sur votre destinée... « Voulez-vous devenir religieuse, ou pré- « férez-vous affronter les orages de la « vie ? Si vous nous restez, nous serons « heureuses de vous appeler notre sœur « comme nous vous avons appelée notre « fille. Si vous aimez mieux nous quitter, « notre aumônier a promis de vous placer « dans une famille où, sans être soumise à « aucune règle, vous pourrez à la fois « continuer à servir Dieu et apprendre à « connaître le monde. »

Adrienne. — Tu préféras quitter le couvent ?

Misé Brun. — Je remerciai la supérieure en lui demandant quelques jours pour réfléchir... Ses paroles m'avaient jetée dans la plus grande incertitude... Le couvent était un asile calme et tranquille, mais j'éprouvais une secrète frayeur en songeant que j'allais me condamner à ne jamais en sortir. Huit jours après, je m'éloignais de celles qui m'avaient servi de mère.

Adrienne. — Et six mois après, tu épousais Maître Bruno Brun.

Misé Brun. — Il fréquentait la maison où je recevais l'hospitalité... Ce fut, sur les conseils de mon confesseur, que j'acceptai de devenir la femme de cet homme que recommandaient des dehors de piété.

Adrienne. — Il avait quarante ans de plus que toi.

Misé Brun. — Ce n'est pas son âge qui me fait regretter de m'être lié à lui, c'est la méfiance sourde qu'il me témoigne, c'est la captivité perpétuelle à laquelle il me condamne... Il n'a jamais pour moi, ni un mot de tendresse, ni un mot d'amitié... Je ne sais rien de ce qu'il fait et peut-être vaut-il mieux qu'il en soit ainsi !

Adrienne. — Que veux-tu dire ?

Misé Brun. — Je croyais d'abord qu'il n'exerçait que la profession d'orfèvre, mais j'ai découvert bientôt qu'il en avait une autre plus lucrative... A certains jours de la semaine la boutique se remplit de pauvres gens dont quelques-uns le prient, le supplient... Une fois, une malheureuse femme qu'il menaçait s'emporta et le traita d'usurier.

Adrienne. — Ah !

Misé Brun. — Comprends-tu maintenant qu'à la frayeur qu'il m'inspire se soit joint le dégoût !

Adrienne. — Chère Rose, pauvre amie !...

Misé Brun. — Mais parlons de toi... Est-ce que tu l'aimes toujours, lui ?

Adrienne. — Oh ! oui, il sera mon époux malgré ma tante, malgré mon cousin que je hais... Ma tante me disait encore hier qu'elle briserait ma volonté... Elle se trompe... Je mourrai, mais je ne plierai pas...

Misé Brun. — Tu vivras, Adrienne, et tu seras heureuse, car M. de Mauléon est digne de toi... Tu n'es pas seule à lutter, tu as un auxiliaire...

Adrienne. — J'en ai peut-être deux, Rose...

Misé Brun. — Comment ?...

Adrienne. — L'autre jour, c'était après une scène terrible que j'avais eue avec la marquise... En proie à l'émotion la plus vive, je me laissai aller sur un banc du jardin du château... Je me sentais défaillir quand soudain j'entendis mon nom prononcé à voix basse... Je me retournai et je vis un homme d'assez haute taille enveloppé dans les plis d'un manteau... *(Misé Brun prend les mains d'Adrienne.)*

Misé Brun. — Ah !...

Adrienne. — Je poussai un cri de frayeur... mais il me rassura d'un geste. « C'est bien, me dit-il, continuez cette ré- « sistance... et surtout ne vous laissez pas « intimider... La marquise ne peut rien car « l'on veille sur vous. » Je voulus l'interroger... Il posa un doigt sur la bouche puis il s'éloigna rapidement.

MISÉ BRUN, *rêveuse.* — Quel était cet homme ?

ADRIENNE. — Je l'ai revu deux fois depuis... La première fois, c'était dans la chapelle du château pendant que le prêtre disait la messe... Je levai les yeux et je l'aperçus un instant... La seconde fois, c'est aujourd'hui en venant ici...

MISÉ BRUN. — Adrienne, comment est-il ?

ADRIENNE. — Je t'ai déjà dit qu'il est plutôt grand que petit... Il a une fière tournure et ses cheveux noirs tombent bouclés sur ses épaules. Son œil est doux, mais parfois jette des éclairs. Figure-toi que je trouve une grande ressemblance entre lui et un de mes ancêtres dont le portrait est dans la galerie de famille.

MISÉ BRUN. *(Pendant ces explications, elle n'a cessé de montrer l'agitation la plus vive, elle se lève)* (1). — Plus de doute... C'est lui !...

ADRIENNE, *se levant également.* — Qu'as-tu ?

MISÉ BRUN. — Je n'ai rien...

ADRIENNE. — Il faut que je te quitte, car Dominique m'attend à la porte avec la chaise à porteur. *(Elle lui serre la main.)* Ta main est froide... Est-ce que tu ne veux pas m'embrasser ?

MISÉ BRUN. — Oh ! oui, ma bonne, ma charmante amie... *(Elles s'embrassent.)*

ADRIENNE. — Je vois que mon récit t'a un peu troublée. N'aie pas peur, car mon inconnu, je ne sais pourquoi, ne m'inspire à moi que de la confiance ! Adieu, Rose ! *(Elle sort par la gauche.)*

SCÈNE IX.

MISÉ BRUN, *seule.* — Lui ! oh ! j'aurais dû le reconnaître tout de suite dès qu'il s'est agi d'un protecteur, mais pourquoi s'intéresse-t-il tant à Adrienne qui ne peut, qui ne saurait aimer que le chevalier de Mauléon ?... Quand le reverrai-je, moi ? Madeloun tarde bien... *(Elle va vers le fond et se trouve face à face avec M. de Galtières qui porte à la main le coffret dérobé par Bavard.)*

SCÈNE X.

M. DE GALTIÈRES, MISÉ BRUN.

MISÉ BRUN, *avec saisissement.* — Ah !

M. DE GALTIÈRES. — Misé...

MISÉ BRUN. — Vous !

M. DE GALTIÈRES. — Pardon de venir dans votre demeure... Je vous rapporte ce qu'un voleur a dérobé en l'absence de votre mari. *(Il pose le coffret sur la table.)* (1).

MISÉ BRUN. — C'est encore pour me rendre service que je vous vois... Vous êtes ma Providence !...

M. DE GALTIÈRES. — Je ne suis qu'un homme, peut-être encore plus misérable que les autres, mais qui ne donnerait pas ce moment où il vous parle, où il est devant vous pour tout le bonheur de la terre.

MISÉ BRUN. — Qui êtes-vous, vous à qui je dois tant ?

M. DE GALTIÈRES. — Vous ne le saurez jamais.

MISÉ BRUN. — Même, si je vous supplie de me le dire...

M. DE GALTIÈRES. — Mon nom véritable restera pour vous un mystère... Sachez seulement que je n'ai pas de plus grande ambition que celle de vous être utile, de plus grand désir que celui d'occuper une place quelconque dans votre esprit. Me promettez-vous de conserver de moi un bon souvenir ?...

MISÉ BRUN. — Je vous le jure, mais il m'est permis de garder l'espérance de vous revoir car vous ne quittez pas ce pays ?...

M. DE GALTIÈRES. — Pas encore, ma mission n'est pas tout à fait remplie, et vous-même j'ai à vous préserver... Vous croyez que cet infâme Nieuzelle ne pense plus à vous... Vous vous trompez, les obstacles ont irrité un désir qui est devenu chez lui une véritable passion... Il vous menacera jusqu'au moment... Mais moi qui vous effraie... Rassurez-vous, vous n'aurez bientôt plus rien à craindre !

MISÉ BRUN. — Et c'est à vous que je le devrai. *(Avec passion.)* Oh ! quelle reconnaissance !

M. DE GALTIÈRES, *saisissant la main de Misé Brun qu'il baise.* — Rose ! *(Il se modère aussitôt et laisse retomber la main.)* Misé, je vous quitte... J'entends des pas et il faut qu'à tout prix on ne me voie pas avec vous. *(Il sort par la gauche et Madeloun entre par la droite.)*

---

(1) Misé Brun, Adrienne.

(1) Misé Brun, M. de Galtières.

SCÈNE XI.

MISÉ BRUN, MADELOUN.

MADELOUN.— Qu'avez-vous ? vous êtes tout effarée..

MISÉ BRUN. — Et vous même, Madeloun, vous paraissez émue ?

MADELOUN. — Ah ! Misé, il en arrive bien d'une autre... La Monarde...

MISÉ BRUN.— Eh bien ?

MADELOUN. — Elle a été assassinée hier soir...

MISÉ BRUN, *avec épouvante.* — En vérité...

MADELOUN. — Et savez-vous qui l'on accuse ?...

MISÉ BRUN. — Comment veux-tu que je le sache ?

MADELOUN.— Un homme que l'on a vu lui parler à Saint-Sauveur et qui ressemble à notre protecteur...

MISÉ BRUN, *dans un état d'excitation extrême.* — Tais-toi, malheureuse...

MADELOUN. — Ce ne peut pas être pour son argent que l'on a tué la Monarde.. Elle était si pauvre !... Mais elle savait bien des choses et on a eu peut-être intérêt à ce qu'elle ne fasse pas connaître quelque secret... Vous chancelez, que vous arrive-t-il ?

MISÉ BRUN. — Madeloun, je meurs ! *(Elle tombe sur un siège.)*

SCÈNE XII.

MADELOUN, MISÉ BRUN, CADET, BRUN. *(Brun entre par le fond avec Cadet qu'il tient au collet.)*

CADET, *d'une voix étouffée.*— Au secours ! au secours ! vous m'étranglez !

BRUN. — Misérable !... Qu'as-tu fait pendant mon absence ?... Tu m'as laissé voler...

CADET.— Lâchez-moi !

BRUN.— On a ouvert mon coffre-fort et l'on a pris... *(Apercevant le coffret laissé par M. de Galtières sur la table).* Que vois-je ? Mon coffret ?... Comment se fait-il qu'il soit sur la table ? Répondez !...

MADELOUN, *à genoux près de Misé Brun.*—Ne voyez-vous pas, Maître Brun, que votre femme a perdu connaissance !

FIN DU DEUXIÈME ACTE.

TROISIÈME ACTE

QUATRIÈME TABLEAU

LES GORGES DE LUBERON

Vallée étroite et resserrée dans le mont Luberon. Au troisième plan, à gauche, une portion de rochers avance en saillie et domine un précipice. Un chemin, qui est censé commencer dans la coulisse, conduit à la pointe de ces rochers. A droite, au deuxième plan, passage étroit allant à la caverne des bandits de Gaspard de Besse. Rochers à droite et à gauche. Au lever du rideau, un certain nombre de bandits sont sur la scène. Les uns sont étendus et dorment ou causent. Les autres nettoient leurs armes. Sur le devant, Coquelicot et Bavard sont assis sur un fragment de rocher. Le premier a un verre d'eau-de-vie à moitié plein, le second tend son verre à Mariotte.

SCÈNE PREMIÈRE.

COQUELICOT, BAVARD, LA MARIOTTE, LES BANDITS.

BAVARD. — Allons, la Mariotte, verse-moi de l'eau-de-vie et ne sois pas aussi avare. J'ai de quoi payer !

LA MARIOTTE. — Vous savez bien que le capitaine a défendu que je vous en donne trop...

BAVARD. — Le capitaine nous prend pour de jeunes filles, n'est-ce pas, Coquelicot ?

COQUELICOT. — Le capitaine fait bien tout ce qu'il fait.

BAVARD. — Tu lui donnes toujours raison... *(Se levant et lutinant la Mariotte.)* Ma belle, ma charmante...

LA MARIOTTE. — Voulez-vous me laisser tranquille !

BAVARD. — Quand daigneras-tu exaucer mes vœux, avoir un peu d'affection pour moi, m'appeler ton petit Bavard et me passer les mains dans les cheveux ?...

LA MARIOTTE. — Jamais... Vous êtes bien trop vilain pour ça !

BAVARD (1). — Tu ne dis pas ce que tu penses, ma jolie brigande.

LA MARIOTTE (2). — Au contraire, je

(1) Coquelicot, la Mariotte, Bavard.
(2) Coquelicot, Bavard, la Mariotte.

vous le jure. *(Elle gagne l'extrême droite.)*

UNE VOIX. — Alerte ! *(Tous les bandits se lèvent.)*

SCÈNE II.

BAVARD, COQUELICOT, CADET, LA SENTINELLE, MARIOTTE.

COQUELICOT. — Qu'est-ce que c'est ?...

LA SENTINELLE, *entrant par la gauche.* — C'est un particulier que j'ai trouvé errant dans la montagne. Il voulait nous espionner sans doute.

CADET. — Pouvez-vous croire ! *(Apercevant Coquelicot et Bavard.)* Tiens... Tiens... Voilà précisément des messieurs que je connais et qui pourront vous dire...

COQUELICOT. — Laissez cet imbécile... *(La sentinelle lâche Cadet et se retire par la gauche.)*

CADET. — Vous voyez, on m'a reconnu ! Je respire... M'a-t-il assez rudement secoué ! *(A Bavard et à Coquelicot.)* C'est égal ! Vous me deviez bien cela ! Car c'est vous qui êtes cause...

BAVARD. — Nous sommes cause de quoi ?...

CADET. — Que mon maître m'a chassé !

BAVARD. — Il n'a cependant pas eu beaucoup à se plaindre ton maître !

CADET. — C'est vrai, mais il ne m'en a pas moins à moitié étranglé, puis congédié à cause de ma négligence.

COQUELICOT. — Tout cela ne nous explique pas comment il se fait que l'on t'a trouvé rôdant par ici...

CADET. — Donnez-moi le temps... Une fois sur le pavé de la bonne ville d'Aix, je me suis mis à chercher le meilleur moyen de gagner ma vie sans prendre de la peine... Aucune profession ne me souriait, car il faut dans toutes travailler et se lever de bonne heure... C'est alors qu'il m'est venu à l'idée de me faire voleur...

COQUELICOT. — Voleur, toi !... Tu n'es pas dégoûté, tu es même gourmand...

CADET. — Oui, voleur !... C'est le métier le plus agréable et qui rapporte le plus.

COQUELICOT. — Tu crois ?...

CADET. — J'en suis sûr, car j'ai toujours entendu dire qu'il n'y a de chance que pour les voleurs...

COQUELICOT. — Peut-être... Toutes les chances, c'est vrai, même l'espoir d'être pendu...

CADET. — Diable ! Je n'avais pas songé à ça... Il m'eut été facile d'entrer tout de suite en exercice, mais il m'est venu à l'idée qu'il valait mieux agir en compagnie qu'isolément et j'ai pris le chemin des gorges de Luberon dans lesquelles était, disait-on, la troupe du fameux Gaspard de Besse... Je crois que l'on ne m'a pas trompé !...

COQUELICOT. — Tu voudrais donc être admis parmi les hommes de Gaspard ?

CADET. — C'est mon espérance !

BAVARD. — Il est ambitieux...

COQUELICOT. — C'est aussi mon avis...

CADET. — Ah ! ça mais vous en êtes donc, vous deux, des bandits de Gaspard de Besse ! Je m'en étais toujours douté. *(Désignant Bavard.)* Celui-là surtout qui a si mauvaise mine !

BAVARD. — Hein !

LA MARIOTTE, *à Bavard.* — Je ne le lui fais pas dire ! *(A Cadet.)* As-tu au moins de quoi payer la bienvenue ?

BAVARD. — Nous avons oublié de le fouiller...

CADET. — Vous n'auriez pas trouvé grand'chose... Douze sous, c'est tout ce que je possède !

BAVARD. — Hum ! c'est maigre !

MARIOTTE. — Donne toujours. *(Tendant un verre à Cadet et versant.)* Bois !...

CADET. — J'ai précisément soif. *(Il boit.)* Aïe, aïe, que c'est fort !... Je brûle !...

COQUELICOT. — Tu ne peux pas même supporter notre petit lait, tu veux être un brigand pour dormir et ne rien faire... Ne faudra-t-il pas t'apporter de la crême le matin au lit ?... Je crains bien pour toi que le maître ne te refuse ! A propos il tarde bien à venir...

BAVARD. — Justement, le voici !

(Gaspard de Besse, qui n'est autre que M. de Galtières, arrive par la gauche. — Tous les bandits s'écartent.)

SCÈNE III.

LES MÊMES, GASPARD DE BESSE (1).

GASPARD. — Quel est cet homme ?

COQUELICOT. — Un garçon de la plus belle espérance qui désirerait...

CADET *saluant.* — Oui, un garçon de la plus belle espérance qui désirerait...

GASPARD, *brusquement.* — Nous verrons plus tard (2).

COQUELICOT, *à Bavard.* — Dis donc, Bavard, il n'a pas l'air content.

(Bavard hausse les épaules.)

GASPARD. — Camarades, un crime affreux a été commis à Aix !... Une pauvre vieille femme qui demandait l'aumône sur la porte du cloître de Saint-Sauveur a été assassinée et le bruit court que c'est un de nous...

COQUELICOT. Tu sais bien que l'on nous attribue tout ce qui se commet de léger dans la contrée.

GASPARD. — Dans le cas présent cette accusation n'est pas injuste, car ces jours-ci deux d'entre vous étaient à Aix.

COQUELICOT. — C'étaient Bavard et moi et je jure que pour ma part...

GASPARD. — Pourrais-tu faire le même serment pour ton compagnon ? *(A Bavard.)* Oui, c'est toi, misérable, qui a tué la malheureuse Monarde pour quelques pièces d'or que je lui avais données et qu'elle a eu l'imprudence de laisser voir... Tu l'as suivie jusqu'à sa pauvre demeure et tu t'es précipité sur cette in-

____

(1) Bavard, Gaspard, de Besse, Coquelicot, Cadet, la Mariotte.

(2) Gaspard, Bavard, Coquelicot, Cadet, la Mariotte.

fortunée, qui ne pouvait se défendre, comme un lâche que tu es... Tu me fais horreur !

BAVARD. — Capitaine...

GASPARD. — Je ne sais ce qui m'empêche de faire justice et de venger celle dont tu as versé le sang... Mais du moins n'aurai-je plus devant les yeux ton odieuse figure... Va-t-en, je te chasse de cette bande dont tu es indigne de faire partie...

COQUELICOT. — Gaspard !...

GASPARD. — Que tous ceux qui pensent comme lui l'accompagnent.

BAVARD. — Pour cette fois... Elle était si vieille !...

GASPARD. — Va-t'en, te dis-je, et ne te trouve plus en ma présence, car je ne te ferais plus grâce...

BAVARD. — Oh ! je me vengerai ! *(Il sort par la gauche.)*

SCÈNE IV.

LES MÊMES, *moins* BAVARD (1).

GASPARD. — Et maintenant j'ai à vous annoncer deux nouvelles, camarades. Commençons par la bonne. *(Tous les bandits se rapprochent et Cadet le premier.)*

GASPARD, *désignant Cadet.* — Que veut cet idiot là ? *(Il le repousse. Les bandits font pirouetter Cadet. L'un d'eux lui donne un coup de pied)* (2).

CADET — Pardon, Messieurs les assassins !...

GASPARD. — J'ai une affaire splendide à vous proposer... M. des Galois de La Tour, marquis de Saint-Aubin, vicomte de Glené, doit donner la semaine prochaine une fête chez lui... Là, sera réunie toute la noblesse de la contrée et, avec elle, la plupart des fermiers et des traitants auxquels la province est redevable de ses malheurs... Voulez-vous que nous assistions à ce bal de M. l'intendant de Provence ? Il y aura à recueillir pas mal de bijoux achetés avec l'argent du peuple, pas mal de parures dont les orfèvres de Gênes nous donneront un bon prix. Peut-être aurons-nous une lutte à soutenir après le premier moment de surprise des convives de M. l'intendant !... Mais

qu'aimons-nous, c'est la résistance ! Nous ne nous attaquons pas aux faibles d'habitude ! Ma proposition vous plaît-elle ?

COQUELICOT. — Bravo, capitaine !

TOUS. — Bravo !

LA MARIOTTE. — Bravo !

GASPARD, *à Mariotte.* — Toi, la Mariotte, je te promets le plus beau collier qui fera partie du butin.

LA MARIOTTE. — Merci, capitaine !

GASPARD. — La seconde nouvelle est aussi importante... Sur la demande de M. l'intendant, furieux de ce que nous lui avons pris dernièrement un million de livres et qui semble comprendre que nous ne devons pas nous arrêter en si beau chemin, le commandant militaire en Provence vient d'envoyer une compagnie qui va être bientôt ici... Ne vous effrayez pas... Le seul danger pour nous consistant dans la surprise, puisque nous sommes avertis, nous ne risquons plus rien. Les soldats sont guidés par un jeune garçon du pays qui les conduira sans doute à la grotte, notre refuge habituel... Nous nous cacherons dans ces rochers. *(Il montre les rochers qui sont au premier plan.)* Nous les laisserons s'engager dans le passage étroit. *(Il montre le passage qui est du même côté au second plan.)* Pas un ainsi ne nous échappera, à moins qu'il ne nous plaise d'être miséricordieux. Hâtez-vous mes enfants ! *(Les bandits se retirent par la droite, deuxième plan.)*

CADET. — Voilà qui ne me va pas du tout à moi ! *(Il sort du même côté que les bandits.)*

SCÈNE V.

GASPARD, COQUELICOT.

COQUELICOT. — Je t'admire, Gaspard !

GASPARD. — Mon plan est bien simple.

COQUELICOT. — Tu es bien digne d'être à notre tête.

GASPARD. — Tu ne sauras jamais quelle impression me font tes paroles...

COQUELICOT. — Le jour que nous avons déserté ensemble, j'ai bien compris que tu étais plutôt fait pour être général que soldat.

GASPARD. — Tais-toi.

COQUELICOT. — Qu'étais-tu avant de t'engager ?... Sur ma parole, tu es au moins un bâtard de grand seigneur !

---

(1) Coquelicot, Gaspard, Cadet, la Mariotte. Les bandits forment le demi-cercle.

(2) Coquelicot, Gaspard, la Mariotte, Cadet.

GASPARD, *rudement.*— Silence ! *(Les bandits ont reparu avec des armes... Gaspard leur montre les rochers au premier plan à droite et leur fait signe de le suivre ; tous disparaissent à droite.)*

SCÈNE VI.

LES SOLDATS, NIEUZELLE, SIMON. *(Une partie des soldats, Nieuzelle et Simon apparaissent sur la pointe du rocher. Un soldat tient Simon qui semble résister. Sur un signe de Nieuzelle, les soldats reviennent sur leurs pas, et un instant après, tous les personnages reparaissent sur la scène au premier plan.)*

NIEUZELLE, *à Simon* (1).— Eh bien, as-tu fait tes réflexions... Qu'as-tu décidé ?

SIMON.— Vous m'avez demandé de vous conduire aux gorges de Luberon, et je vous ai conduit jusqu'ici, car je ne savais pas que vous veniez surprendre Gaspard de Besse.

NIEUZELLE.— Maintenant que tu sais qu'il est dans sa caverne, tu nous refuses de servir de guide, et cependant tu sais où elle est.

SIMON.— Oui, je le sais, mais Gaspard de Besse fut mon bienfaiteur, celui de ma pauvre mère et je ne veux pas le livrer !

NIEUZELLE.— On t'a fait mesurer du regard la profondeur de ce précipice. Prends garde !...

SIMON.— Je mourrai plutôt que de trahir mon sauveur !...

NIEUZELLE.— Soit, tu mourras ! *(Au soldat qui est près de Simon.)* Empare-toi de ce beau garçon et conduis-le au bord du gouffre... S'il persiste à se montrer opiniâtre, précipite-le. *(Le soldat entraîne Simon. On ne tarde pas à les voir apparaître tous les deux sur le rocher.)* Eh bien, est-ce qu'il est plus docile ?

LE SOLDAT.— Non, capitaine.

NIEUZELLE.— Finissons-en alors ! *(Il fait un signe et le soldat laisse tomber Simon dans l'abîme. On entend le dernier cri d'angoisse de l'enfant.)*

SCÈNE VII.

LES MÊMES, GASPARD, COQUELICOT. *(Ces derniers apparaissent un instant, à droite, premier plan, dans les rochers.)*

GASPARD. — N'avoir pas pu le sauver ! Laisse-moi...

(1) Nieuzelle, Simon.

COQUELICOT. — Maintenant tu te perdrais inutilement.

GASPARD. — Du moins je ferai payer chèrement sa vie ! *(Ils disparaissent.)*

SCÈNE VIII.

LES SOLDATS, NIEUZELLE, *puis* BAVARD

NIEUZELLE.— Qui nous guidera maintenant ! Qui nous indiquera la demeure du bandit ?

BAVARD (1).— Moi !

NIEUZELLE.— Qui es-tu, toi ?

BAVARD.— Un homme qui veut se venger à tout prix de Gaspard de Besse et qui sait où est son refuge habituel.

NIEUZELLE.— Songes bien que si tu nous trompes, tu mourras !

BAVARD (2). — Soyez tranquille et suivez-moi.

NIEUZELLE, *à ses soldats.*—Venez ! *(Ils entrent dans le passage du deuxième plan, à droite. Les bandits paraissent par la droite, premier plan.)*

SCÈNE IX.

GASPARD, COQUELICOT, CADET,

LES BANDITS ARMÉS.

GASPARD.— Ce misérable ne sait pas qu'en croyant nous perdre, il nous sauve et se perd lui-même.

CADET.— Oh! oh! mais ce métier me convient encore moins que les autres... Mettons-nous à distance !... *(Il traverse la scène en courant. Les bandits se sont formés en peloton, et ont dirigé leurs armes dans la direction du passage.)*

GASPARD.—Feu ! *(On entend les détonations.)*

CADET, *tombant sur une pierre du côté opposé à celui vers lequel les soldats ont tiré.*—Miséricorde !

(1) Bavard, Nieuzelle.

(2) Nieuzelle, Bavard.

RIDEAU.

CINQUIÈME TABLEAU

LE BAL DE L'INTENDANT

Un salon élevé, de style ancien, somptueusement décoré et tout plein de lumières, ouvrant sur une galerie au fond. Fenêtre à droite au second plan ; au premier plan à gauche, une cheminée avec pendule et candélabres allumés. Quand l'acte commence, l'orchestre fait entendre, au loin, des symphonies. Des costumes variés se croisent dans la galerie.

D'Herbois, d'Antibes, Malvalat, vêtus en mignons et non masqués, jouent au bilboquet sur le devant de la scène à gauche. M⁰ᵉ d'Orbeval, masquée et en bohémienne, est assise, sur un canapé placé à droite, à côté de Niéuzelle en costume moyen âge et masqué.

SCÈNE PREMIÈRE.

D'HERBOIS, D'ANTIBES, MALVALAT, NIEUZELLE, Mme D'ORBEVAL.

MALVALAT, *tendant le bilboquet à d'Herbois.* — A ton tour, d'Herbois... *(D'Herbois prend le bilboquet et manque.)* Allons, je vois que tu n'es pas d'une force robuste...

D'HERBOIS. — On fait ce qu'on peut, Malvalat !

D'ANTIBES. — Messieurs, j'observe depuis un moment ce groupe qui se livre à une conversation des plus intéressantes à en juger d'après sa pantomime animée...

NIEUZELLE, *à* Mme *d'Orbeval.* — Ne voulez-vous pas me dire votre nom, cruelle ?

Mme D'ORBEVAL. — Non, Monsieur le croisé.

NIEUZELLE. — Me laisserez-vous au moins admirer votre visage ?

Mme D'ORBEVAL. — Encore moins !

NIEUZELLE.—Je baise vos petites mains et je les trouve charmantes, mais je ne les reconnais pas...

Mme D'ORBEVAL. — Tant vaudrait-il !... La seule faveur que je vous accorde, c'est d'être mon cavalier à la prochaine contredanse...

NIEUZELLE. — Merci mille fois, ma jolie bohémienne... *(Il se lève et offre son bras à* Mme *d'Orbeval. Ils sortent tous les deux par le fond.)*

MALVALAT, *les regardant s'éloigner.* — Voilà une sorcière et un seigneur moyen âge qui me font l'effet de s'entendre on ne peut mieux...

D'ANTIBES. — Le seigneur a un peu la taille et les manières de notre ami Niéuzelle si miraculeusement échappé à Gaspard de Besse dans les gorges de Luberon...

MALVALAT. — Il ne vous a pas dit cependant qu'il dût se mettre en costume provençal du temps des croisades.

D'HERBOIS. — C'est lui-même qui nous a conseillé de nous métamorphoser en mignons d'Henri III... Si nous ne nous étions pas démasqués, il aurait seul su comment nous sommes vêtus, tandis que nous ignorons quel a été son choix.

SCÈNE II.

D'HERBOIS, D'ANTIBES, MALVALAT, D'ORBEVAL. *(Ce dernier en Cupidon, avec un carquois et des flèches, est entré par le fond.)*

MALVALAT, *riant aux éclats.* — Tiens, qu'est-ce que cela ?

D'Orbeval *démasqué*. — Comment, qu'est-ce que c'est ?...

D'Herbois. — D'Orbeval en Cupidon !

Malvalat. — Avec un carquois et des flèches !... Il veut donc blesser tous les cœurs...

D'Orbeval. — Trêve de plaisanterie ! Messieurs, n'auriez-vous pas vu ma femme ?

Malvalat, *riant toujours*. — Mais voyez donc cette tournure, cette grâce digne du fils de Vénus...

D'Orbeval. — Ma femme que je ne retrouve plus !...

Malvalat. — Comment est-elle vêtue, ô mon amour ?

D'Orbeval. — En bohémienne.

Malvalat. — Ah ! c'est bien cela ! C'était Mᵐᵉ d'Orbeval. Ta chaste épouse, cher Cupidon, était tout à l'heure avec un cavalier que tu as blessé de tes traits ?

D'Orbeval. — Dans quelle direction les trouverai-je ?

Malvalat. — Ma foi, mon cher, cela ne nous regarde pas. *(Ils sortent.)*

SCÈNE III.

D'ORBEVAL, *puis* GASPARD DE BESSE *et* COQUELICOT. *(Gaspard de Besse porte un costume de fantaisie qui lui permet d'avoir une épée et deux pistolets à la ceinture. Coquelicot est en Nostradamus.)*

D'Orbeval, *se laissant tomber sur le canapé*. — Voilà une heure, c'est-à-dire depuis que nous sommes arrivés, que je cherche ma femme... J'avais eu cependant bien soin de regarder son costume, afin de la reconnaître. Peste soit du bal masqué ! *(Voyant entrer par le fond Gaspard de Besse, puis Coquelicot, masqués, il se lève et va vers eux avec précipitation.)* Pardon, n'auriez-vous pas aperçu Mᵐᵉ d'Orbeval, une bohémienne !

Gaspard. — Nous n'avons pas vu de bohémienne.

D'Orbeval, *sortant par le fond*. — Est-ce donc désagréable !... Est-ce donc désagréable !...

SÈNE IV.

COQUELICOT, GASPARD DE BESSE.

Coquelicot. — La belle fête !... J'en suis tout ébloui... Il ne faut pas t'en éton-

ner, car c'est la première fois que je vais dans le monde...

Gaspard. — Et tu peux dire que tu as eu du succès, car, de toute part, on est venu te prier de prophétiser l'avenir...

Coquelicot. — C'est vrai... A un troubadour qui insistait pour connaître sa destinée, j'ai prédit qu'il serait pendu et ça lui a fait tirer la langue ; à une bergère qui me demandait ce qui lui arriverait d'agréable, j'ai répondu qu'elle tromperait son berger et ça l'a fait rire aux éclats... Il paraît que c'était déjà fait !...

Gaspard. — Il est temps que tu ailles retrouver nos hommes... Tu les amèneras ici à minuit avec la populace d'Aix que nous avons si bien ameutée contre l'intendant et qui nous servira d'auxiliaire...

Coquelicot. — Tes ordres seront exécutés. *(Il va pour se retirer, Gaspard le retient.)*

Gaspard. — Une pensée me vient, Coquelicot... Il faut tout prévoir... Si, par hasard un obstacle inattendu rendait dangereuse l'attaque de l'hôtel... Si, au moment où vous approcherez, je jugeais utile de renvoyer l'exécution de notre plan à une autre fois... Comment ferions-nous ?... Il serait nécessaire de convenir d'un avertissement... Tiens j'irais vers cette fenêtre et je tirerais un coup de feu...

Coquelicot. — C'est entendu...

Gaspard. — Tu ferais aussitôt tous tes efforts pour arrêter la populace et tu reprendrais la route des grottes avec tout notre monde, car un danger certain nous menacerait...

Coquelicot. — Et toi ?...

Gaspard. — Moi, je saurais bien me tirer d'affaire. Hâte-toi !...

Coquelicot, *se masquant*. — Au revoir, Gaspard, et souhaitons-nous mutuellement bonne chance. *(Il sort par le fond et tourne à gauche.)*

SCÈNE V.

GASPARD, NIEUZELLE, Mᵐᵉ DE NIEUZELLE. *(Ces deux derniers viennent du fond à droite.)*

Gaspard. *(Il vient de se masquer lorsqu'il aperçoit Nieuzelle et Mᵐᵉ de Nieuzelle qui est masquée et porte un domino.)* — Ce chevalier des croisades est Nieuzelle... Mais quelle est cette femme qui est maintenant avec lui ?... Serait-ce par hasard la marquise, sa mère, qui serait venue avec Adrienne ? Il faut que je m'assure... Voilà une chose à laquelle je ne m'attendais pas ! (*Il sort par le fond à droite.*)

SCÈNE VI.

NIEUZELLE, Mme DE NIEUZELLE.

Mme DE NIEUZELLE, *se démasquant.* — Mon fils, je ne suis pas contente. Je t'avais recommandé de ne pas quitter Adrienne, de ne pas la perdre de vue un seul instant et c'est toi-même qui l'as laissée...

NIEUZELLE, *avec impatience.* — Eh ! ma mère !

Mme DE NIEUZELLE— J'ai eu de la peine à te rejoindre pour te dire que, malgré ma présence et profitant de la liberté du bal, ton rival se tient sans cesse auprès d'elle. Le chevalier de Mauléon...

NIEUZELLE.— Faut-il le provoquer, ma mère ? Faut-il...

Mme DE NIEUZELLE, *alarmée.* — Non, mon fils, non !... Ne va pas risquer ta vie... Je te le défends !

NIEUZELLE.— Ce Mauléon, comme je le hais !

Mme DE NIEUZELLE. — Oui, parce qu'il est un obstacle à ce que tu entres en possession immédiate de la fortune de Nieuzelle et non parce qu'il est aimé d'Adrienne... Tu n'as jamais eu un penchant bien vif pour ta cousine. D'ailleurs, il me semble que c'est à présent une triste joie que celle de régner sur son cœur...

NIEUZELLE. — Que voulez-dire, ma mère ?...

Mme DE NIEUZELLE. — Je dis que le chevalier doit être en proie à l'inquiétude quand il regarde son amoureuse... N'as-tu pas remarqué comme la santé de celle-ci est délicate depuis quelque temps ?

NIEUZELLE. — C'est vrai... Elle a pâli, elle devient chétive.

Mme DE NIEUZELLE.—Tu t'en es aperçu. Songe combien ces changements doivent être sensibles à l'œil d'un amant qui ne la voit qu'à de rares intervalles. Par moment, je me demande s'il est bien utile de te faire épouser cette pauvre enfant et si avant sa majorité...

NIEUZELLE. — Ma mère, cette fausse pitié !...

Mme DE NIEUZELLE. — Nous n'avons

donc, je le crois, qu'à veiller à ce qu'aucun enlèvement, aucun mariage secret... Mon fils, il faut que tu m'aides dans cette œuvre. Surtout, ne t'attaque pas à Mauléon...

NIEUZELLE.— Il sera ainsi fait, puisque vous le voulez...

Mme DE NIEUZELLE. — Accompagne-moi à la place que j'occupais dans le bal... (*Mme de Nieuzelle sort par le fond. Nieuzelle la suit mais, arrivé près de la sortie, au moment où il va se masquer, il est arrêté par Malvalat qui lui frappe sur l'épaule.*)

SCÈNE VII.

D'HERBOIS, D'ANTIBES, NIEUZELLE MALVALAT, D'ORBEVAL, *dans le fond.*

MALVALAT.— Eh! Eh ! mon cher Nieuzelle, tu ne sais pas que tu as un compte à régler...

NIEUZELLE. — Un compte ?...

MALVALAT. — Oui, un compte long et embrouillé...

NIEUZELLE. — Avec qui ?.. Je ne vois pas... A moins que ce ne soit avec ce damné Gaspard de Besse qui a tué presque tous mes soldats !...

MALVALAT. — Cherche... Avec l'Amour, parbleu !.,.

NIEUZELLE.— Avec l'Amour ?

MALVALAT, *présentant d'Orbeval qui est au fond.* L'Amour ! *Eros, Cupido, Amor,* que je te présente !

NIEUZELLE. — Que signifie cette plaisanterie !

D'ORBEVAL. — Comment une plaisanterie !

MALVALAT. — C'est très sérieux au contraire... Cupidon, ici présent, t'accuse d'une tentative de séduction sur la personne de son épouse que tu lui as fait chercher pendant plus d'une heure...

NIEUZELLE. — Son épouse !...

MALVALAT. — Oui, cette jolie bohémienne dont le doux regard prédisait un avenir si charmant au noble croisé...

NIEUZELLE.— C'était la femme de Monsieur...

D'ORBEVAL (1). — Ma femme !...

NIEUZELLE. — Eh bien ! tant pis pour lui... car elle a besoin d'être consolée !...

(1) D'Herbois, d'Antibes, Nieuzelle, d'Orbeval, Malvalat.

D'ORBEVAL. — Ce ne sont pas des consolations qu'il faut à Mme d'Orbeval, mais des excuses à son mari...

NIEUZELLE, *avec hauteur.* — Des excuses !... Mieux que cela, Monsieur, si vous voulez... Un coup d'épée !...

D'ORBEVAL, *épouvanté.* — Un coup d'épée, merci !... Je préfère des excuses... Ces Messieurs m'avaient dit...

NIEUZELLE. — Sans doute, que je ne me refusais jamais à rendre raison... (*Faisant signe de tirer l'épée.*) A l'instant même si vous le voulez !

D'ORBEVAL, *de plus en plus effrayé.* — Oh ! non ! Oh ! non !... Je me déclare satisfait !... (*Se sauvant.*) Il ne manquerait plus que ça !

SCÈNE VIII.

D'HERBOIS, D'ANTIBES, NIEUZELLE, MALVALAT, *riant aux éclats avec les autres gentilshommes, puis* GASPARD.

MALVALAT. — Ah ! ah ! ah ! j'admire ta façon expéditive de mettre en fuite les maris récalcitrants ! Tu menaces de les pourfendre.

NIEUZELLE (1). — Foi de gentilhomme, je ne savais pas que cette piquante bohémienne eût un magot semblable pour époux... C'est égal, elle est ravissante !...

MALVALAT. — Tu reverras Mme d'Orbeval.

NIEUZELLE. — Cela t'étonnera ? (*Gaspard se montre masqué dans le fond.*)

MALVALAT. — Nullement... Nous savons bien que tu as un cœur pour aimer toutes les belles.. Hier c'était la comtesse, demain ce sera la baronne... Quand viendra donc le tour de ta fiancée ?

NIEUZELLE. — Rien ne presse, Messieurs...

MALVALAT. — A propos, tu ne nous as jamais dit comment se sont terminées tes amours avec Misé Brun, la femme de l'orfèvre pour laquelle tu nous as fait jouer à cache-cache sur la route de Manosque.

NIEUZELLE. — La fin de cette aventure vous intéresse-t-elle beaucoup ?

MALVALAT. — Oui, car enfin tu nous as joliment dérangés.

NIEUZELLE. — Eh bien cette aventure a eu le dénoûment auquel on devait s'attendre et qu'elle aurait eu immédiatement sans le malencontreux personnage...

MALVALAT. — On t'a vu une autre fois et tu as vaincu...

NIEUZELLE. — Parbleu !

GASPARD (1), *allant à Nieuzelle.* — Tu en as menti, misérable !... Misé Brun n'est pas la maîtresse d'un infâme tel que toi...

NIEUZELLE. — Que dites-vous, Monsieur ?

GASPARD. — Je dis que tu viens d'outrager une femme dont il ne t'est permis de parler qu'avec le respect le plus profond, car elle est aussi sainte et aussi pure que tu es indigne et méprisable.

NIEUZELLE. — On ne m'a jamais parlé ainsi. Démasque-toi pour que je sache si je dois t'accorder l'honneur de te tuer moi-même ou te faire mourir sous le bâton !

GASPARD. — Tu ne verras pas mon visage aujourd'hui, comte de Nieuzelle, parce que cela ne se peut et que ton heure n'est pas encore venue, mais je te préviens que lorsqu'il t'apparaîtra tu n'auras qu'à recommander ton âme à Satan... Au revoir ! (*Il sort par le fond à gauche.*)

NIEUZELLE. — Messieurs, il me faut la vie de cet homme ! (*Ils se mettent à la poursuite de Gaspard et sortent précipitamment par la gauche.*)

SCÈNE IX.

RENÉ. ADRIENNE (*Ils entrent par la droite. Ils ne sont masqués ni l'un ni l'autre. Adrienne est en costume de soirée. René a un domino sur son costume de lieutenant au régiment de Lyonnais.*)

RENÉ. — Quel bonheur, ma chère Adrienne, de vous voir, de passer avec vous presque toute une soirée... Oh ! que je vous aime !

ADRIENNE. — Je vous aime, moi aussi, René, vous êtes mon chevalier...

RENÉ. — Si cet homme, qui a l'impudence de se dire votre fiancé, avait osé vous disputer à moi aujourd'hui... Si même il essayait encore de rendre plus courts ces heureux instants...

ADRIENNE, *avec effroi.* — Eh bien ?...

---

(1) D'Herbois, d'Antibes, Malvalat, Nieuzelle.

(1) D'Herbois, d'Antibes, de Malvalat, Gaspard Nieuzelle.

RENÉ. — Je sens que je ne pourrais rester maître de moi-même...

ADRIENNE. — Ne parlez pas ainsi !

RENÉ. — J'ai pour lui, le véritable auteur de tous nos maux, tant de haine et de mépris !...

ADRIENNE. — Vous voulez donc gâter pour moi toute la joie que j'éprouve ? Vous voulez donc que je craigne, à chaque instant, en restant avec vous, que cette soirée ait un dénoûment fatal ?

RENÉ. — Non, rassurez-vous. (*Voyant Adrienne défaillir.*) Qu'avez-vous ? Mon Dieu !...

ADRIENNE. — Une faiblesse subite, ce ne sera rien.

RENÉ, *la soutenant.* — Là, sur ce canapé...

ADRIENNE. — Je vais déjà mieux... je reviens à moi...

RENÉ, *allant vers le canapé.* — Mais au contraire, vous devenez de plus en plus pâle... Ma bien aimée ! (*Il la dépose sur le canapé.*) Ah ! elle a tout à fait perdu ses sens... Comment la rappeler à la vie ?... J'y suis !... Ce flacon qu'elle avait tout à l'heure et qu'elle a laissé... (*Il sort rapidement par le fond à droite.*)

SCÈNE X.

GASPARD, ADRIENNE, *évanouie.*

GASPARD, *son masque à la main, est entré par la gauche.* — Sois tranquille, Nieuzelle, tu me retrouveras... Je regrette assez d'être obligé de différer aujourd'hui ton châtiment, mais patience !... Adrienne est dans ce bal, il faut à toute force que j'aille arrêter la foule qui s'avance peut-être déjà vers cet hôtel... (*Il entend un soupir du côté d'Adrienne.*) Qu'est-ce ?... Une femme évanouie !... Adrienne ! (*Il tombe à genoux près d'elle.*)

ADRIENNE, *revenant à elle lentement.* — Non, non !... Cette voix !... (*Regardant Gaspard.*) Vous !

GASPARD. — Oui, moi, qui suis effrayé, épouvanté... Avez-vous souvent de ces faiblesses ?... Comment celle-ci a-t-elle commencé ?...

ADRIENNE, *se levant.* — J'étais avec le chevalier... Justement, le voici...

SCÈNE XI.

RENÉ, ADRIENNE, GASPARD. (*René est entré par le fond à droite, un flacon à la main.*)

ADRIENNE. — C'est fini, tout à fait fini... cette indisposition n'était que passagère. René, voilà Monsieur... Je vous ai parlé d'un homme qui s'était constitué mon protecteur, d'un homme qui m'a encouragée à la résistance avec mes parents, me disant qu'il veillait sur moi. Cet homme au cœur généreux, qui a daigné compatir à des souffrances que le hasard sans doute lui a fait connaître, c'est celui-ci.

RENÉ, *s'inclinant froidement.* — Monsieur...

ADRIENNE, *à Gaspard.* — J'ai appris aussi par Misé Brun, ma meilleure amie, que vous l'aviez sauvée... Que de reconnaissance pour tant de bienfaits !...

RENÉ, *offrant son bras.* — Mademoiselle veut-elle me permettre ?...

ADRIENNE, *à Gaspard.* — Au revoir, Monsieur. (*Elle sort par le fond avec René.*)

SCÈNE XII.

GASPARD, *puis* RENÉ.

GASPARD, *les suivant des yeux.* — L'amoureux est jaloux. Tant pis, car c'est un noble jeune homme. Bah !... une simple explication suffira entre les deux amants. Hâtons-nous. (*Il veut sortir, mais il se trouve face à face avec René qui a quitté le domino.*)

RENÉ (1). — Pardon, Monsieur, j'ai à vous parler...

GASPARD. — Très volontiers... Mais le temps presse...

RENÉ. — Je veux vous demander la raison de votre conduite.

GASPARD. — De ma conduite ?...

RENÉ. — De votre manière d'agir vis-à-vis de ma fiancée...

GASPARD. — Je ne vous comprends pas...

RENÉ. — Vous feignez de ne pas me comprendre...

____

(1) René, Gaspard.

GASPARD.— Je suis de bonne foi , mais le moment que vous choisissez est inopportun et une chose grave doit arriver si...

RENÉ. — Il n'est rien de plus grave que ce que j'ai à vous dire... Dans quel but, Monsieur, la comédie que vous jouez, dans quel but ces allures mystérieuses qui ont trompé une jeune fille confiante et bonne, mais qui ne me trompent pas , moi !...

GASPARD.— De quel droit m'interrogez-vous ?...

RENÉ: — Du droit que me donne mon affection pour Mˡˡᵉ de Nieuzelle, affection qu'elle m'a permis de proclamer hautement... J'ai pour devoir de veiller sur elle, et non-seulement de la défendre contre ceux de ses ennemis qu'elle connait, mais encore contre ceux dont elle ne se défie pas...

GASPARD. — Les ennemis n'agissent qu'avec le désir de nuire et moi je ne veux que le bonheur de votre fiancée... J'ai vu Mˡˡᵉ Adrienne entourée de tant de dangers , en butte à tant de persécutions, qu'il m'est venu la pensée de lui prêter mon appui... J'ai cherché à lui parler, je suis parvenu jusqu'à elle et je lui ai crié : « Courage ! » Vous voyez qu'elle est reconnaissante de mes efforts. Mais, insensé que je suis , c'est peut-être cette reconnaissance qui vous fait ombrage.

RENÉ. — Oui, car je ne crois pas à votre désintéressement !...

GASPARD. — La voilà donc la vérité ! Avouez que vous avez peur d'avoir un rival en moi !...

RENÉ. — Un rival d'autant plus redoutable qu'il ne procède pas par la menace comme Nieuzelle, qu'il ne lutte pas ouvertement, mais ourdit une habile trame, tend un piége dans lequel la victime tombe innocemment.

GASPARD.—Votre jalousie vous égare... Vous avez donc bien peu de confiance en celle qui vous aime ! (1) O nature humaine comme l'on retrouve toutes tes faiblesses même chez les meilleurs !

RENÉ. — Je le répète, vous devez avoir un but caché , un motif particulier en agissant comme vous l'avez fait !

GASPARD.— Je l'avoue , mais vous ne connaîtrez ce motif que plus tard...

(1) Gaspard, René.

RENÉ.— Vous parlerez tout de suite !

GASPARD.— Impossible !

RENÉ , *tirant l'épée.* — En ce cas , je vous défends de sortir !...

GASPARD , *tirant l'épée lui aussi et tombant en garde.* — Dieu m'est témoin que vous êtes la dernière personne contre laquelle j'eusse voulu tirer l'épée , mais heureusement je ne vous blesserai pas... (*Après deux ou trois passes, il désarme René et, mettant le pied sur l'épée, il la ramasse vivement.*)

RENÉ. — Monsieur, vous êtes libre de me tuer, si vous voulez...

GASPARD. — Je ne le ferai pas , chevalier, parce que le fiancé de Mˡˡᵉ de Nieuzelle m'est aussi sacré qu'elle-même... Je vous jure que l'intérêt que m'inspire Adrienne ne doit être aucun sujet de crainte pour votre amour... Je vous jure de plus que vous saurez la véritable cause de ce puissant intérêt... Si j'étais votre rival, je vous aurais tué ! Me croyez-vous maintenant ?

RENÉ.— Il le faut bien !

GASPARD.—Me permettrez-vous de vous donner un conseil ?...Allez trouver promptement Mˡˡᵉ de Nieuzelle de ma part et engagez-la à invoquer son indisposition auprès de sa tante pour se retirer tout de suite.

RENÉ.— Mais, Monsieur...

GASPARD. — Ne perdez pas de temps...

RENÉ. — Chez vous tout est mystère!... (*Il sort par le fond gauche.*)

SCÈNE XIII.

GASPARD *seul* , *puis* TOUS LES INVITÉS, NIEUZELLE.

GASPARD, *après s'être masqué.*—Aura-t-elle le temps de s'en aller ?... (*Regardant la pendule.*) Non , il est minuit et déjà ces rumeurs... (*On entend des rumeurs venant du dehors. Les invités font de toute part irruption dans le salon. Gaspard va vers la fenêtre de droite.*) La populace s'avance, conduite par les bandits... Elle crie, elle menace... Comment l'arrêter ? Ah ! (*Il prend un de ses pistolets et tire un coup de feu. A ce bruit, tous les invités s'approchent de lui.*)

L'INTENDANT.—Que venez-vous de faire, Monsieur ?

GASPARD.— Je viens de donner l'ordre à ceux qui menaçaient votre hôtel de se retirer... Et voyez... leur courroux s'apaise comme par enchantement, les groupes se dispersent...

L'INTENDANT. — Qui êtes-vous, Monsieur, pour avoir un tel pouvoir ?...

NIEUZELLE, *qui vient d'entrer et de voir Gaspard.* — Monsieur l'intendant, vous avez non-seulement le droit, mais encore le devoir de faire mettre bas le masque aux misérables qui se sont introduits dans votre hôtel à la faveur du bal... Employez la force s'il le faut !

GASPARD, *se dégageant.* - Le premier qui touche à ce masque est mort ! Nieuzelle, ce n'est pas aujourd'hui, je l'ai dit, que tu verras mon visage et, à ta place, je désirerais ne jamais le voir ! (*Gaspard tenant en respect la foule avec ses pistolets a gagné le fond.*)

FIN DU TROISIÈME ACTE.

QUATRIÈME ACTE

SIXIÈME TABLEAU

LE POISON DE LA MARQUISE

La chambre d'Adrienne au château de Nieuzelle. Un lit au fond ; à droite près du chevet du lit une table et un fauteuil. Portes au fond à gauche. Porte dérobée à droite. Meubles élégants. Une cheminée à gauche au premier plan.

SCÈNE PREMIÈRE.

GASPARD, CADET. *(Gaspard est enveloppé dans un manteau et cache ses traits pour ne pas être reconnu de Cadet.)*

CADET, *en livrée.* — Voici la clé que vous m'avez demandée, Monsieur. M'est-il permis de vous interroger sur l'usage que vous voulez en faire ?...

GASPARD. — Peu t'importe ! Pourvu qu'on te paie ! *(Il lui tend une bourse.)*

CADET.— Merci... Oh ! je ne désire pas en savoir davantage. *(Gaspard sort par le fond à droite.)*

SCÈNE II.

CADET, *seul, soupesant la bourse.* — C'est drôle, comme je suis tout réjoui lorsque je me sens dans la main... *(Il montre la bourse.)* Des louis, ma foi, ce sont de beaux louis comme ceux de l'auberge du *Cheval-Rouge*... Réfléchissons un peu... L'inconnu qui t'a remis cet or médite sans doute quelque action du genre de l'enlèvement projeté par M. le comte de Nieuzelle, que j'apprends à connaître tous les jours depuis que je suis à son service... Corne de bœuf ! je croyais en y entrant que ma fortune était faite... Je me suis joliment trompé !... Ce grand seigneur, si généreux avec les valets d'écurie, n'est guère prodigue avec ses propres domestiques que de coups de plats de sabre et de... *(Faisant signe de recevoir un coup de pied.)* Aïe ! De plus, il me fait coucher, les soirs d'orgie, à des heures... Moi qui aime tant à dormir... Heureusement qu'avec ceci *(il montre la bourse),* s'il m'ennuie trop !... Oh !... l'argent, comme cela rend audacieux et fier !... Mais pourquoi diable le personnage aux louis d'or tenait-il tant à avoir ce qu'il m'a été si difficile de me procurer ?... Ah ! voici Dominique. *(Dominique entre par le fond.)*

SCÈNE III.

DOMINIQUE, CADET.

CADET.— Vous avez l'air lugubre, mon Dieu !

DOMINIQUE. — Comment voulez-vous que je ne sois pas triste avec la mission qui m'est confiée ?

CADET. — C'est vrai, vous gardez le

fou !... Et ce n'est pas absolument gai !... Les fous sont malins comme des singes et dangereux comme des tigres... Votre vie peut être en danger...

DOMINIQUE. — Ce n'est pas de la crainte que j'éprouve, c'est du chagrin...

CADET. — Ah !...

DOMINIQUE. — Il m'est pénible de voir un Nieuzelle privé de raison... M. le marquis est, après tout, le fils de mon premier et vénéré maître... C'est un spectacle déchirant que celui auquel j'assiste. La mort est peut-être préférable à l'égarement de l'esprit.

CADET. — Madame de Nieuzelle visite-t-elle souvent son mari ?...

DOMINIQUE. — Jamais ! Il est vrai que M. le marquis ne peut pas supporter la présence de Mᵐᵉ la marquise qu'il adorait autrefois... Son aspect seul le fait entrer en fureur.

CADET. — Et son fils ?...

DOMINIQUE. — Il le déteste encore plus... Il n'y a que Mˡˡᵉ Adrienne pour laquelle il semble éprouver quelque sympathie. Il se calme aussitôt qu'il l'aperçoit et il lui parle doucement, presque tendrement...

CADET. — Ce qu'il lui dit doit sans doute être assez baroque...

DOMINIQUE (1), *comme se parlant à lui-même.* — M. le marquis tient en effet des propos étranges... Il y a quelque temps, il félicitait Mˡˡᵉ Adrienne de ce que son frère était retrouvé... Ce jour est celui ou vint cet étranger !...

CADET. — Comment !... Que dites-vous ? Mˡˡᵉ Adrienne a perdu son frère !...

DOMINIQUE. — Je ne dis rien, Cadet... Mêle-toi de ce qui te regarde ?

CADET. — Désagréable vieux ! Après tout, que m'importe !... *(Il sort par le fond à gauche. Au même instant, Misé Brun entre par le fond à droite.)*

SCÈNE III.

DOMINIQUE, MISÉ BRUN.

DOMINIQUE, *allant vers Misé Brun.* — Ah ! Misé Brun, que je suis aise de vous voir ! Je suis descendu de la tourelle exprès pour avoir des nouvelles de Mˡˡᵉ Adrienne et vous allez m'en donner... Comment va-t-il l'ange du château ?...

MISÉ BRUN. — Beaucoup mieux... Adrienne a pu se lever aujourd'hui et venir sur la terrasse respirer l'air pur...

DOMINIQUE. — Merci mille fois... C'est bien à vous que Mademoiselle doit de se trouver en voie de guérison...

MISÉ BRUN (1). — Vous m'attribuez plus de mérite que je n'en ai...

DOMINIQUE. — Nullement... Mademoiselle Adrienne se mourait lentement d'un mal auquel personne ne comprenait rien. Malgré les soins elle inclinait de plus en plus son front vers la tombe, quand un jour elle s'est plaint de n'avoir pas seulement une amie auprès d'elle et elle vous a nommée... J'étais là et je lui ai conseillé de vous écrire ! Elle disait que votre mari ne vous permettrait pas de venir la voir et c'est tout le contraire. Il vous a non-seulement laissé venir à Nieuzelle, mais encore y passer quelque temps pour nous rendre celle que nous aimons tous...

MISÉ BRUN. — C'est vrai... Personne ne s'attendait à ce que Maître Bruno...

DOMINIQUE. — Je m'en vais, le cœur content, maintenant que je sais que le mieux de Mˡˡᵉ Adrienne continue. Au revoir Misé ! *(Il sort à gauche, deuxième plan.)*

MISÉ BRUN, *en l'accompagnant.* — Au revoir Dominique ! *(Dominique sort par la gauche.)*

SCÈNE IV.

MISÉ BRUN *seule, puis* NIEUZELLE.

MISÉ BRUN, *pensive.* — Je ne sais encore à quoi attribuer la facilité de Maître Brun et pour quelle cause...

NIEUZELLE, *entrant par le fond à droite.* — Je vais vous l'expliquer, belle Misé... C'est à moi que vous devez ce changement, c'est moi qui, ayant su gagner la confiance de votre mari, lui ai dans le but de me rapprocher de vous, lui ai persuadé que vous n'aviez rien à craindre au château de Nieuzelle.

MISÉ BRUN, *avec mépris.* — Vous étiez là, Monsieur, vous écoutiez !...

NIEUZELLE. — Ne me reprochez pas d'avoir enfin trouvé l'occasion que je cherchais depuis si longtemps de vous parler... Plus j'essayais d'être en tête à tête avec vous, plus vous me fuyiez... Mais aujourd'hui vous m'écouterez enfin...

MISÉ BRUN. — Et pourquoi vous écouterai-je ?...

____

(1) Cadet, Dominique.

(1) Dominique, Misé Brun.

Nieuzelle. — Parce que je vous en prie, je vous en supplie !... Vous êtes trop adorable pour être cruelle...

Misé Brun (1). — Je n'ai rien à entendre... Laissez-moi...

Nieuzelle. — On dirait que je vous effraie... Et cependant, puisque vous êtes venue dans cette demeure, c'est que je ne vous fais pas peur !...

Misé Brun. — J'ai accouru à l'appel d'une amie, et je ne pensais pas que je trouverais l'homme qui me poursuit d'un amour qui m'offense...

Nieuzelle. — Vous êtes sévère... En quoi mon amour est-il offensant ?...

Msé Brun. — Parce qu'il s'adresse à une femme qui ne peut, ni ne doit vous le rendre !

Nieuzelle — Si vous le pouviez, vous auriez donc quelque affection pour moi ?

Misé Brun. — Non, je vous le dis du plus profond de mon cœur, je n'aurais jamais que du mépris...

Nieuzelle. — Je préférerais de la haine, car à la haine succède souvent un sentiment plus tendre... Enfin je me contente de ce que vous me donnez, cela vaut encore mieux que de l'indifférence... Je vous déclare donc que, si chanceuse que semble la partie que je joue avec vous, je n'y ai pas renoncé... Je vais être obligé de rentrer à Aix... et bientôt vous y serez aussi, car j'ai acquis assez d'influence sur votre imbécile époux pour qu'il vous rappelle dans un bref délai... Il doit se rendre prochainement à la foire de Grasse, et, pendant ce temps, vous resterez seule au logis où je pourrai vous visiter.

Misé Brun. — J'avertirai Maître Brun, je lui dirai...

Nieuzelle. — Il ne vous croira pas et s'imaginera plutôt que vous vous défiez de ma surveillance !...

Misé Brun. — Oh !... mon Dieu ! Que deviendrai-je ?

Nieuzelle. — Consentez à me voir d'un œil plus favorable, je vous le conseille... Ne comprenez-vous pas que vous m'avez inspiré une passion violente. Vous n'avez rien pour vous protéger contre moi... Cédez-moi de bonne grâce !... Sois ma maîtresse, charmante Rose... (Il s'avance vers Misé Brun.)

Misé Brun. — Faites un pas de plus et j'appelle à mon secours... Il se trouvera toujours dans votre château des gens pour me défendre... ne serait-ce que votre cousine, dont vous voudriez faire votre femme et qui n'a pour vous que le dédain que vous méritez...

Nieuzelle (1), avec colère. — Vous vous repentirez, Misé Brun.

Misé Brun. — Je vais retrouver Mlle de Nieuzelle. (Elle sort par le fond à droite.)

SCÈNE V.

NIEUZELLE seul, puis Mme DE NIEUZELLE.

Nieuzelle. — Oui, tu te repentiras, je le jure ! Et un jour je te verrai à mes genoux me demandant grâce... (Voyant entrer Mme de Nieuzelle par le deuxième plan.) Ma mère !

Mme DE Nieuzelle (2). — Mon fils... dans cet appartement ! Qu'y fais-tu ?

Nieuzelle. — Je causais avec Misé Brun...

Mme DE Nieuzelle. — Cette jeune femme n'est pas mal... J'ai bien vu qu'elle avait fait sur toi une impression des plus vives... Elle-même peut-être aussi, malgré ses airs de prude, malgré la réserve farouche qu'elle montre, n'est-elle pas indifférente...

Nieuzelle. — Je vous assure que vous vous trompez beaucoup...

Mme DE Nieuzelle. — Mais il s'agit de choses plus graves... Ne m'avais-tu pas dit que tu exerçais un certain empire sur Bruno Brun ?...

Nieuzelle. — J'ai accès dans sa maison, ce qu'il n'accorde pas à tout le monde, depuis que je lui ai adressé quelques jeunes gentilshommes que des emprunts au denier deux ne font pas reculer. C'est moi qui l'ai décidé à laisser venir sa femme ici...

Mme DE Nieuzelle. — Une singulière idée que tu as eue là !

Nieuzelle. — Pourquoi !...

Mme DE Nieuzelle. — Parce que ta cousine va mieux et cela grâce aux soins qui lui sont prodigués maintenant...

Nieuzelle. — Voyons, ma mère, est-ce que vous pensiez que la vie d'Adrienne était sérieusement en danger ?

(1) Nieuzelle, Misé Brun.

(1) Misé Brun, Nieuzelle.

(2) Mme de Nieuzelle, Nieuzelle.

Mme DE NIEUZELLE (1).— Avec toi, je ne déguise pas mes espérances. J'avais de bonnes raisons pour le croire...

NIEUZELLE. — Quelles raisons, ma mère ?...

Mme DE NIEUZELLE. — Nous avons déjà remarqué ensemble le dépérissement de la jeune fille, lequel ne faisait que devenir de plus en plus visible. Elle avait fini par s'aliter et peut-être ne se serait-elle plus relevée...

NIEUZELLE.—Vous considérez donc Misé Brun comme un grand docteur...

Mme DE NIEUZELLE.— Sa présence a empêché...

NIEUZELLE.—Ce n'est pas pour me dire uniquement cela que vous vouliez me parler, ma mère ?

Mme DE NIEUZELLE.— Non, mais cela se rattache au sujet principal de la conversation que je voulais avoir avec toi ! Adrienne n'est-elle pas la cause de tous les embarras...

NIEUZELLE, fronçant le sourcil. — De nouveaux embarras d'argent !...

Mme DE NIEUZELLE.—Ils nous sont suscités par l'orfèvre. C'est pour ce motif que je t'interroge sur tes relations avec lui !...

NIEUZELLE. — Il m'avait promis de se taire et d'être patient.

Mme DE NIEUZELLE.—Il menace de vendre les bijoux que nous lui avons remis.

NIEUZELLE.— Eh bien ! qu'il les vende !

Mme DE NIEUZELLE. — Tu oublies que ce sont les joyaux de Nieuzelle, qu'ils ne nous appartiennent pas et qu'ils seront les premiers objets que réclamera Adrienne le jour de sa majorité.

NIEUZELLE. — Que faut-il faire ?

Mme DE NIEUZELLE — Tu as contracté une quantité considérable de dettes... J'ai dépensé pour payer les plus pressées, tout ce dont je pouvais disposer de la fortune de Nieuzelle sans rendre des comptes immédiats au conseil de famille institué par M. le Gouverneur de Provence. Malheureusement, ces comptes, je suis obligée de les rendre plus tard et qu'adviendra-t-il ? Nous quitterons cette demeure, honteusement chassés par ta cousine si elle ne nous accuse pas devant la justice. Nous serons aussi sans aucune ressource.

NIEUZELLE. — L'affligeant tableau que vous me faites là.

Mme DE NIEUZELLE. — Est-ce ma faute si l'avenir est aussi sombre ?... J'avais toujours espéré dans ce mariage et puis dans cette maladie...

NIEUZELLE. — Vous avez un accent bien étrange, ma mère, quand vous parlez de l'état dans lequel était Adrienne...

Mme DE NIEUZELLE, d'une voix sourde. — C'est qu'il me rappelle celui d'une jeune fille morte, après deux ou trois mois de langueur, à l'Ile-de-France... C'était l'héritière d'un riche armateur... Ses parents s'arrangèrent pour mêler à son breuvage un poison lent comme on en a le secret dans mon pays... Peu à peu la fleur s'étiola sur sa tige, puis elle mourut.

NIEUZELLE, pressant la main de sa mère. — Je vous comprends, si vous aviez de ce poison, vous n'hésiteriez pas à vous en servir... Et qui sait ?... Vous vous en êtes peut-être servie ! Ah !...

Mme DE NIEUZELLE, s'assurant que personne n'écoute. — Ne parle pas si haut. (Revenant vers son fils.) Eh bien ! oui... Pour toi je commettais ce crime et j'en commettrais bien d'autres... Mais ce qui m'étonne le plus, c'est que le poison ait cessé de produire son effet dévorant à peu près depuis que Misé Brun est ici. Il faut que cette femme connaisse mon projet et qu'elle ait soin d'éloigner les lèvres d'Adrienne du breuvage fatal ou de lui faire prendre un antidote.

NIEUZELLE. — Tout porte à croire que Misé Brun ignore tout et que le hasard seul...

Mme DE NIEUZELLE. — C'est égal, je suis décidée à frapper un grand coup. Il faudrait que demain matin Misé Brun fût rappelée par son mari.

NIEUZELLE. — Vous me faites frissonner.

Mme DE NIEUZELLE. — N'es-tu pas cependant mon digne fils ?...

NIEUZELLE (1).—Dans un quart d'heure je partirai pour Aix, ma mère.

Mme DE NIEUZELLE. — La nuit approche. Ne te risque pas seul sur la route. Prends au moins deux hommes avec toi. (Nieuzelle va vers la porte au deuxième plan à gauche, mais au même instant elle s'entr'ouvre et Cadet apparaît, tenant à la main un candélabre avec plusieurs bougies allumées.)

____

(1) Nieuzelle, Mme de Nieuzelle.

(1) Mme de Nieuzelle.

SCÈNE VI.

CADET, NIEUZELLE, Mme DE NIEU-ZELLE

NIEUZELLE.— Que voulez-vous ?

CADET.—Mademoiselle et Misé Brun vont entrer et elles m'ont prié d'apporter ici de la lumière. *(Il dépose le candélabre sur la cheminée.)*

NIEUZELLE. — Cadet, donnez l'ordre de seller mon cheval et tenez-vous prêt à m'accompagner...

CADET. — Ah ! bah ! Et où allons-nous ?

NIEUZELLE. — A Aix !... *(Il sort ainsi que sa mère par le fond à gauche.)*

SCÈNE VII.

CADET *seul*.— Partir à cette heure-ci... Voilà qui ne me va guère ! Partir, et risquer de se trouver face à face avec Gaspard de Besse et sa bande, que je crains encore plus depuis... Ah ! j'ai bien envie de congédier mon maître en arrivant à Aix, car il m'ennuie de plus en plus.... Et si on me volait mon or en route ? Pauvre Cadet, tu serais bien logé ! *(Misé Brun et Adrienne, entrent par le fond à droite. La femme de l'orfèvre soutient la jeune fille.)*

SCÈNE VIII.

CADET, ADRIENNE, MISÉ BRUN.

MISÉ BRUN. — Je crains bien que nous n'ayions eu tort de rester aussi longtemps sur la terrasse... Les soirées sont encore très fraîches...

ADRIENNE. — Tu as peut-être raison, ma chère Rose, et nous aurions dû rentrer quand, après un moment d'absence, tu es revenue tout émue vers moi, sans vouloir m'expliquer la cause de ton émotion. *(Entendant marcher Cadet)* C'est vous Cadet ?

CADET. — Oui, Mademoiselle, je vous fais mes adieux, car je vais à Aix avec M. le comte...

ADRIENNE. — Bon voyage, mon ami.

CADET, *s'en allant*. — Merci, Mademoiselle. Moi qui espérais aujourd'hui me coucher de bonne heure ! *(Il sort par la gauche du fond.)*

SCÈNE IX.

ADRIENNE, MISÉ BRUN.

ADRIENNE. — Je me sens un peu fatiguée... Laisse-moi me reposer un instant tout habillée... *(S'étendant tout habillée sur le lit)*. Je suis bien !

MISÉ BRUN, *qui s'est assise près du lit*). Nous avons été imprudentes et je me reproche...

ADRIENNE (1). — C'est moi qui t'ai retenue. Le temps était si doux ce soir... A peine si le printemps commence et l'on se croirait déjà en été... Mais j'y songe, tu éprouves peut-être une lassitude plus grande que la mienne, car tu as tenu à me veiller la nuit dernière sous prétexte d'un accès de toux que j'avais eu. Je t'ai laissé faire... Oh ! je suis une égoïste !

MISÉ BRUN.— N'aurais-tu pas fait cela pour moi ?..

ADRIENNE. — Oui... Je l'aurais fait.

MISÉ BRUN. — Alors pourquoi es-tu à mon égard si reconnaissante de ce que j'ai agi comme tu aurais agi ?

ADRIENNE. — Je souhaite de tout mon cœur que tu restes encore longtemps au château de Nieuzelle.

MISÉ BRUN. — Malheureusement j'ai peur d'être obligée de bientôt te quitter.

ADRIENNE. — Ma chère Rose, ne pourrais-je pas te retenir ?

MISÉ BRUN. — Tu sais que je suis obligée d'obéir à mon mari.

ADRIENNE. — Tu me laisseras donc seule... J'ai un fiancé, j'ai une amie et je suis condamnée à les avoir loin de moi...

MISÉ BRUN.— Un jour viendra où M. de Mauléon sera ton époux...

ADRIENNE. — Vivrai-je jusqu'au moment où il me sera permis de disposer de ma main en sa faveur ?...

MISÉ BRUN.—N'en doute pas, Adrienne. Tu es maintenant en pleine voie de guérison.

ADRIENNE. — Oh ! j'ai été bien malade depuis ce bal où je me suis évanouie... Je t'ai raconté...

MISÉ BRUN. — Oui, tu m'as tout dit... la scène singulière qui a terminé cette soirée et dans laquelle notre mystérieux protecteur a montré un pouvoir si étrange.

____

(1) Adrienne, Misé Brun.

ADRIENNE. — Tu l'eusses admiré comme moi, Rose, lorsqu'il défiait les invités de faire tomber son masque... Mais pourquoi ne voulait-il pas que l'on connût son visage qu'il n'a jamais craint de montrer à nous autres ?...

MISÉ BRUN. — La dernière fois que j'ai vu M. de Mauléon, avant de venir te rejoindre, il était enthousiaste de la force, de la noblesse chevaleresque de celui qui m'a arrachée à des misérables.

ADRIENNE. — Et cependant, il l'avait d'abord accueilli avec froideur lorsque je le lui ai présenté. Je ne m'explique pas...

MISÉ BRUN. — «Rassurez bien Adrienne, « m'a-t-il dit. On veille sur elle. Faites-« lui part de ma confiance.» — «Oui, j'ai « confiance maintenant, » a-t-il ajouté. »

ADRIENNE. — Cher chevalier, pour qu'il ait parlé ainsi !...

MISÉ BRUN. — Mais cette fatigue que tu ressentais tout-à-l'heure, l'éprouves-tu encore ?

ADRIENNE. — Non ! Je suis bien maintenant !

MISÉ BRUN. — Il faut que je prépare cependant la potion que tu dois prendre vers cette heure-ci... *(Elle se lève et prépare sur la cheminée la potion qu'elle dépose sur la table à portée d'Adrienne après avoir éteint deux bougies du candélabre.)* Dormez maintenant un peu si vous voulez, ma chère petite paresseuse. *(Elle appelle.)* Adrienne ! Je crois qu'elle n'a pas attendu que je lui donne le conseil et que déjà... *(Elle s'assied).* Moi-même, je sens que mes paupières, malgré moi, se ferment. J'ai sommeil ! *(Elle penche la tête.)* Si je pouvais le voir au moins en songe.

SCÈNE X.

LES MÊMES, *endormies.* Mᵐᵉ DE NIEUZELLE. *(Elle entre doucement du fond à gauche).*

Mᵐᵉ DE NIEUZELLE. — Mon fils est parti et moi je viens voir... Quel silence !... Est-ce qu'elles ne seraient pas encore rentrées ? Je ne les ai plus vues. Cependant sur la terrasse... Oui, elles sont là... seulement elles dorment... Oh ! si ce sommeil pouvait être le dernier !... Cette Adrienne, comme c'est bien une Nieuzelle... Opiniâtre et fière, elle ne veut accepter que l'époux de son choix et il est impossible de lui en faire prendre un autre... Cette volonté implacable était bien celle de mon mari jusqu'au moment où je l'ai brisée... Je n'ai pas le pouvoir de rendre cette enfant plus soumise et je n'y parviendrai pas .. Il faut cependant pour mon fils... Quelle est la main mystérieuse qui éloigne depuis quelque temps le poison des lèvres de l'amante de M. le chevalier de Mauléon ou en neutralise les effets ? Il m'est venu une idée... C'est que le même poison n'agit peut-être plus sur elle... Il est des corps qui s'habituent graduellement aux breuvages les plus dangereux quand ils sont pris à petites doses et jusqu'ici... J'ai résolu de changer de manière de procéder et cette fois je suis bien persuadée qu'elle ne résisterait pas... *(Elle sort un flacon de sa poche.)* Il y a là de quoi donner la mort à plusieurs personnes... Tiens ! elle n'a pas encore pris sa potion... Voilà une occasion opportune... Si j'osais ?... Pourquoi hésiterais-je, ne s'agit-il pas de gagner une fortune à mon fils ? *(Elle s'approche de la table, prend le bol renfermant la potion, va verser le poison devant la cheminée et revient le déposer sur la table.)*

MISÉ BRUN, *s'éveillant, a vu avec terreur* Mᵐᵉ *de Nieuzelle.* — Que faites-vous là, Madame ?

Mᵐᵉ DE NIEUZELLE. — Ce que je fais ?

MISÉ BRUN. — Oui, vous avez versé... *(Elle essaie de lui prendre le flacon.)*

Mᵐᵉ DE NIEUZELLE. — Rien !

MISÉ BRUN. — Je comprends ! Oh ! celui qui m'avait averti de ne faire prendre à Adrienne que ce que j'aurais préparé moi-même avait bien deviné !...

Mᵐᵉ DE NIEUZELLE. — Pas un mot de plus, malheureuse !

MISÉ BRUN. — Mon devoir est de parler, de faire connaître votre crime à mon amie, à tout le monde, pour qu'à l'avenir...

Mᵐᵉ DE NIEUZELLE, *saisissant Misé Brun.* — Tais-toi...

MISÉ BRUN, *résistant.* — Vous ne m'imposerez pas silence ! *(Une lutte s'établit entre les deux femmes.)*

Mᵐᵉ DE NIEUZELLE. — Misérable !

MISÉ BRUN (1). — C'est vous qui êtes... *(Mᵐᵉ de Nieuzelle l'a entraînée au milieu de la scène et lui a mis la main sur la bouche. En ce moment Adrienne s'éveille.)*

Mᵐᵉ DE NIEUZELLE. — Ah ! *(Elle tient*

______
(1) Misé Brun, Mᵐᵉ de Nieuzelle.

comprimée et à moitié étouffée Misé Brun qui essaie de lui échapper.)

ADRIENNE, *prêtant l'oreille.*— Et Rose où est-elle ? *(Elle se dresse sur son séant et aperçoit le bol, renfermant la potion... Elle prend le bol, remue avec la cuiller et se dispose à en boire le contenu. Misé Brun fait des efforts surhumains pour échapper à la marquise et ne réussit pas. Mais au moment où Adrienne approche le bol de sa bouche, la porte secrète de droite s'ouvre et Gaspard de Besse paraît suivi de René de Mauléon.)*

SCÈNE XI.

MISÉ BRUN, Mme DE NIEUZELLE, ADRIENNE, GASPARD, RENÉ.

GASPARD, *saisit vivement le bol entre les mains d'Adrienne et le jette sur le parquet où il se brise en mille morceaux.)* C'est du poison que vous alliez boire, Mademoiselle... et c'est la marquise de Nieuzelle qui vous l'avait versé... *(A Mme de Nieuzelle qui a laissé Misé Brun et qui semble terrifiée.)* Oui, Madame, Dieu n'a pas permis que le plus lâche des forfaits s'accomplisse et que vous donniez tout à fait la mort à celle que vous assassiniez déjà lentement. Il a voulu qu'un fiancé, l'âme pleine d'inquiétude, tentât, par mon aide, de parvenir auprès de celle qu'il aime, juste au moment où vous alliez l'assassiner... Monsieur de Mauléon, vous avez le droit de faire sortir immédiatement Mlle de Nieuzelle d'ici, car si vous devez la laisser à ses parents, vous ne pouvez pas la livrer à des empoisonneurs...

RENÉ.— Oh ! Monsieur, comment vous remercier ?

GASPARD.— En rendant votre fiancée heureuse ! *(A Mme de Nieuzelle.)* Ah ! Madame, quel dommage que l'honneur du nom de Nieuzelle m'empêche de vous livrer à la justice !

—   RIDEAU.

SEPTIÈME TABLEAU.

LE LOGIS DE L'ESTEREL

Une salle d'auberge des plus misérables. Une table avec des escabeaux. A droite, au second plan, une cheminée ; à gauche, au premier plan, une fenêtre.. Porte à gauche, à droite et au fond. Un orage vient d'éclater au dehors, on entend de temps en temps le tonnerre, et des éclairs illuminent la scène.

SCÈNE PREMIÈRE.

LA MARIOTTE *seule, puis* BAVARD, CADET *et* NIEUZELLE.

LA MARIOTTE. — Quel orage !... Qui sait où est le maître à présent ? La bande est près de Toulon, mais lui doit être ici aujourd'hui ! Coquelicot avait prévenu.

BAVARD, *entrant avec Nieuzelle et Cadet (1).* — Par ici ! Par ici Monsieur le comte... Voilà le gîte en question... Il n'est pas des plus agréables, mais il vaut mieux que le bois de l'Estérel, par le temps qu'il fait...

NIEUZELLE, *regardant autour de lui.*— Ce n'est pas élégant.

CADET, *à part, se secouant.*—Chien de métier !... Pourquoi n'ai-je pas congédié mon maître. Ah ! j'y suis, c'est parce qu'il ne m'a pas encore payé mes gages !

BAVARD, *à Nieuzelle.* — Vous pouvez être certain que votre voyageur et votre voyageuse s'arrêteront ici... Ils ne peu-

---

(1) La Mariotte, Bavard, Cadet, Nieuzelle.

vent pas continuer la route et le conducteur de leur carriole doit connaître ce logis...

La Mariotte, *allant vers Bavard.* — Toi, Bavard !

Bavard. — Tiens, la Mariotte.

La Mariotte. — Tu ne crains pas de te présenter en ce lieu, après ce que t'a dit Gaspard ?

Bavard. — Que m'importe !... N'est-ce pas une auberge ? Et après tout ce n'est pas à Gaspard de m'en vouloir à moi, c'est à moi de lui en vouloir à lui. J'ai juré que je le ferais repentir de m'avoir chassé et humilié... N'as-tu rien à nous servir ?

Nieuzelle (1). — Avant tout, la fille, conduis-nous dans une chambre quelconque. Nous ne voulons pas rester ici...

La Mariotte, *ouvrant une porte à droite.*—Vous n'avez qu'à entrer dans la pièce... *(Ils sortent à droite, deuxième plan.)*

SCÈNE II.

MISÉ BRUN, BRUN, LA MARIOTTE.

Brun, *entrant avec Misé Brun.* — Est-ce qu'il y a ici, moyennant argent, logis et écurie ?

La Mariotte. — Oui...

Brun. — Hâtez-vous alors d'indiquer à l'homme qui est sur la porte où se trouve la remise... *(Mariotte sort).* Quel temps épouvantable ! Le triste voyage ! J'avais bien raison d'appréhender la journée qu'il faudrait passer dans le bois de l'Esterel pour aller de Fréjus à Grasse...

Misé Brun, *assise à gauche.* — Sans l'orage qui vient d'éclater subitement et qui sera bientôt fini sans doute, nous n'aurions pas eu trop à nous plaindre.

Brun. — Nous n'avons pas encore fait de mauvaise rencontre, il est vrai, mais comment sortirons-nous de ces parages maudits, surtout si nous sommes obligés d'attendre longtemps... La nuit viendra, et alors... Je frissonne rien qu'à l'idée de me trouver durant les ténèbres dans ces solitudes qui sont déjà assez effrayantes pendant le jour.

Misé Brun. — La montagne et le bois vous ont paru effrayants ?... A moi, non. Ces arbres... ces clairières embaumées,

où s'épanouit une si riche moisson de fleurs, ces points de vue pittoresques, tout cela me semble au contraire ravissant...

Brun. — Oh ! je sais bien que vous n'êtes jamais de mon avis...

La Mariotte, *entrant* (1). — Monsieur, où faut-il mettre vos coffres ? Devons-nous les laisser sur la carriole ?

Brun. — Mes coffres ! Diable ! Venez m'aider à les mettre en lieu sûr, mes coffres. Je les ai laissés un instant. . Pourvu qu'il ne leur soit rien arrivé... *(Ils sortent par le fond.)*

SCÈNE III.

MISÉ BRUN *seule, puis* LA MARIOTTE

Misé Brun, *s'approchant de la fenêtre.*— L'orage redouble de fureur... Sous son effort, les pins semblent frémir et se tordre... De livides éclairs jaillissent incessamment de la nue. Que c'est grand et terrible à la fois ! « Mon Dieu, mon Dieu ! que vos œuvres sont belles, que vous êtes puissant ! »

La Mariotte (2). — Madame, les coffres sont placés dans l'appartement au-dessus. On vous attend. *(Elle désigne la gauche, deuxième plan.* (3).)

Misé Brun. — Merci, mon enfant. *(On entend le bruit d'un galop de cheval.)*

La Mariotte, *à Misé Brun.* — Par ici... *(Misé Brun sort par la gauche.)*

SCÈNE IV.

LA MARIOTTE, *puis* GASPARD
et COQUELICOT.

La Mariotte, *ouvrant la porte.* — C'est lui ! *(Gaspard entre avec Coquelicot.)*

Gaspard, *se débarrassant de son manteau.* — Enfin, nous sommes arrivés !

Coquelicot (4), *l'imitant.* — Je commençais à croire que nous n'apercevrions plus le logis et que nous finirions par rouler dans quelque précipice.

Gaspard. — Est-ce que la mort te ferait peur, Coquelicot ?

(1) La Mariotte, Bavard, Nieuzelle, Cadet.

(1) Misé Brun, Brun, la Mariotte.
(2) Misé Brun, la Mariotte.
(3) La Mariotte, Misé Brun.
(4) La Mariotte, Gaspard, Coquelicot.

COQUELICOT. — Moi, jamais... Et la preuve, c'est que je ne me gêne pas pour la braver...

LA MARIOTTE, *à Gaspard*. — Maître, que vous faut-il ?

GASPARD. — Rien... Aucun camarade n'est-il venu depuis hier ?

LA MARIOTTE. — Aucun.

GASPARD, *s'asseyant près du foyer*. — Le courrier d'Italie et son escorte sont-ils passés ?

LA MARIOTTE. — Non...

GASPARD. — Va voir si Vascongado a soigné nos chevaux à l'écurie. (*La Mariotte sort.*)

SCÈNE V.

COQUELICOT, GASPARD.

COQUELICOT.—Me diras-tu enfin quelle est la proposition que tu prétends avoir à me faire et sur laquelle tu n'as pas voulu encore t'expliquer depuis l'hôtellerie des *Trois-Mages* à Fréjus.

GASPARD, *assis à droite*, - Sais-tu pourquoi je suis venu ici, Coquelicot ?

COQUELICOT. — Comment veux-tu que je le sache ! Tu ne me dis jamais rien... Je ne suis pas encore sorcier, moi !...

GASPARD. — Eh bien ! je suis venu dans ce logis qui, sans que cela paraisse, est un de nos gîtes, pour y prendre tout l'or que je possède et toutes les choses auxquelles je puis tenir... Après j'irai à Aix...

COQUELICOT. — Aix... C'est toujours Aix qui t'attire...

GASPARD. — Je l'avoue... A Aix se trouve l'homme que je déteste le plus au monde.

COQUELICOT.—Et la femme que tu aimes le mieux ?

GASPARD, *se levant*. — Comment sais-tu ?

COQUELICOT. — J'ai fini par comprendre...

GASPARD. — Oui, la ville du Parlement est l'asile du misérable que je voudrais tuer.

COQUELICOT. — Et de Misé Brun que tu voudrais aimer tout à ton aise...

GASPARD.—Ne prononce pas son nom, Coquelicot... Tu en es indigne !...

COQUELICOT. — Merci... Tu vas là-bas sans doute pour régler son compte à l'un...

GASPARD. — C'est en duel que nous nous battrons. Il faudra qu'il meure ou que je meure !

COQUELICOT. — C'est Nieuzelle qui mourra, quoiqu'il sache, lui aussi, tenir une épée... Ensuite...

GASPARD. — Ensuite... j'irai dire un suprême adieu... à elle...

COQUELICOT. — Un adieu ! Pourquoi ?...

GASPARD. — Parce que j'ai l'intention de quitter ce pays où j'ai acquis une si triste célébrité, parce que je ne veux plus être bandit.

COQUELICOT (1).—Ah !... Tu nous abandonnes comme cela ?... Tu me laisses ?...

GASPARD. — N'as-tu donc pas compris ce que j'avais à te proposer... Je voulais te demander si tu voulais faire comme moi et rester mon compagnon... Tu refuses ?...

COQUELICOT, *avec enthousiasme*.—Oh ! comme tu ne me connais pas, mais c'est-à-dire que pour te suivre, j'irais jusqu'aux confins du monde... Je changerais vingt fois de métier... De soldat, je me suis déjà fait brigand... Si tu le désirais, de brigand je me ferais capucin !

GASPARD. — Je te reconnais bien là, mon cher Coquelicot... Tu as été toujours un ami dévoué...

COQUELICOT. — Ne fais pas rougir de bonheur ton vieux Coquelicot... Oui, j'ai de l'affection pour toi depuis le jour où je te connus au régiment jusqu'à celui où commença, à Besse, la réputation de ce terrible Gaspard, qui a dévalisé si souvent la gabelle, pillé des châteaux, mis la main dans la bourse des riches, mais qui n'a jamais fait de mal à un être pauvre ou faible... Qu'ai-je dit ? Que j'avais de l'affection pour toi ?... Mais, c'est du fanatisme,.. Tiens, je t'estime...

GASPARD. — Tu m'estimes ?...

COQUELICOT. — L'estime d'un coquin est, tu le sais, ce qu'il accorde le plus difficilement ! Je te considère comme un honnête homme !...

GASPARD. — Mon pauvre Coquelicot, je crains que tu ne t'abuses sur mon compte... Je suis un bandit et pas autre chose, car voler, c'est toujours voler... Mais, puisque tu m'accompagnes, viens aussi préparer ton départ ! (*Ils sortent par le troisième plan à gauche.*)

____

(1) Gaspard, Coquelicot.

SCÈNE VI.

BAVARD, CADET. *(Ils sont entrés par la droite et ont vu sortir Gaspard et Coquelicot.)*

BAVARD.— As-tu reconnu ?...

CADET.— Qui donc ?...

BAVARD.— Gaspard de Besse, et Coquelicot qui veut se faire capucin... Si, au moins, l'orage était terminé...

CADET (1). — Tu faisais tout à l'heure le brave et tu serais bien fâché de te rencontrer face à face avec celui que j'ai vu te chasser de sa bande, le jour où j'eus la pensée de m'en faire recevoir !...

BAVARD. — Gaspard de Besse est un lion.. Il ne faut jamais se trouver devant lui... Il n'est pas défendu cependant de lui tendre des piéges.

CADET. — Tu as déjà essayé de le livrer...

BAVARD.—Il s'en est bien peu fallu qu'il m'en coutât la vie...

CADET.—Tu ne recommencerais plus ?...

BAVARD.— Au contraire, car cette fois je ferais ma fortune, en même temps que je satisferais ma vengeance. On a promis à son de trompe dix mille livres à celui qui faciliterait la capture de Gaspard de Besse ? Ah! si la maréchaussée venait à passer, aujourd'hui que le capitaine est ici sans la bande...

CADET. — Je vois que tu es un homme comme il en faudrait un sans cesse au service de mon maître... Il a eu la main heureuse en te choisissant pour l'aider dans cette entreprise...

BAVARD.— N'a-t-il pas eu la main aussi heureuse quand il t'a pris pour valet ?...

CADET.— Non, car j'aime à dormir, moi, et j'ai bien peur qu'il ne me fasse faire bientôt des choses qui m'empêchent de reposer comme autrefois d'un sommeil paisible, d'un sommeil de jeune fille...

BAVARD. — Bah! Tu crois aux remords !...

CADET.— Ceci ne te regarde pas... Mon maître t'attend. Va le trouver, vous devez vous entendre ensemble, vous êtes faits pour vous entendre. *(Bavard sort par la droite.)*

(1) Cadet, Bavard.

SCÈNE VII.

CADET *seul, puis* MISÉ BRUN.

CADET.— C'est encore d'un enlèvement qu'il s'agit. M. le comte, paraît-il, n'agit pas différemment avec les femmes qui lui plaisent... La force est son dernier argument... Il est, comme on voit, d'un galant achevé... Tout ce que je sais de la beauté qu'il convoite aujourd'hui, c'est que nous suivons la carriole qui la porte depuis Fréjus, et que, sans le mauvais temps, nous aurions déjà... Mais ce qui est différé n'est pas perdu et, avant de sortir du bois de l'Esterel, M. de Nieuzelle aura sa proie. Voilà une aventure qui ressemble quelque peu à celle du *Cheval-Rouge*... Je voudrais bien savoir si l'héroïne est aussi belle que Misé Brun... *(Misé Brun entre par la gauche, deuxième plan. Cadet la regarde avec stupeur.)* Vous !...

MISÉ BRUN (1), *avec étonnement.* — Cadet ici !... Par quel hasard ?...

CADET.— Et vous-même, Misé ?...

MISÉ BRUN.— Nous allons, mon mari et moi, à la foire de Grasse.

CADET.— Vous faites le voyage en carriole, n'est-ce pas ? Vous vous êtes arrêtés ici, il y a un moment, contraints par l'orage, et vous repartirez aussitôt que vous le pourrez ? Je comprends !... Ah! mon maître! mon maître !...

MISÉ BRUN. — Pourquoi m'avez-vous adressé ces questions !...

CADET, *à part.*— Allons, Cadet, un bon mouvement... Tu ne vaux pas grand chose; mais il te faut empêcher cette nouvelle gredinerie !

MISÉ BRUN.— Que se passe-t-il? répondez...

CADET.— Ce qui se passe... C'est que le comte de Nieuzelle est là !...

MISÉ BRUN (2).— Ciel !...

CADET. — Votre épouvante m'indique que vous comprenez le danger qui vous menace... Vous savez malheureusement de quoi mon maître est capable... Il est résolu à s'emparer de votre personne et il a pris à son service un autre mauvais sujet...

MISÉ BRUN.— Comment faire ?...

(1) Misé Brun, Cadet,
(2) Cadet, Misé Brun.

CADET.—En partant aujourd'hui il vous sera difficile de lui échapper...

MISÉ BRUN. — Mon mari tient cependant à être demain matin à Grasse.

CADET.—Avertissez-le, et c'est probablement la vérité, qu'il serait arrêté par des bandits s'il se hasardait avec ses coffres remplis de bijoux à continuer sa route à travers le bois de l'Esterel...

MISÉ BRUN.— S'il me demande comment j'ai appris ?...

CADET. — Attendez, il est un autre moyen qui peut être meilleur. Sachez qu'en ce moment, parmi les hôtes de ce logis, il y a un homme puissant et fort qui ne vous refusera pas sa protection si vous la lui demandez, car on le dit généreux et bon parfois. Il vous défendra certainement contre M. de Nieuzelle... Je vous quitte... Tout serait peut-être perdu si l'on nous voyait ensemble... Je vais essayer de me faire payer par mon maître afin de pouvoir m'en chercher un autre. *(Il sort par la droite.)*

SCÈNE IX.

MISÉ BRUN, *puis* GASPARD.

MISÉ BRUN.—L'hésitation ne m'est pas permise, mais quel est l'homme dont Cadet vient de me parler?...Dois-je m'adresser à lui pour nous protéger? L'orage dure encore...J'ai le temps...Maître Brun, fatigué de la route, repose... Du courage!... *(Elle frappe à la porte de gauche.)* Malgré moi, je tremble en allant parler à cet inconnu... *(La porte s'ouvre et Gaspard apparaît, troisième plan.)*

GASPARD (1). — Rose!... *(Il passe la main sur son front comme s'il voulait dissiper un nuage. Misé Brun met la main sur son cœur et reste muette, se croyant victime d'une illusion.)* Est-il possible que je vous rencontre ici? Comment y êtes-vous venue? Pourquoi vous y êtes-vous arrêtée?

MISÉ BRUN.—Puisque vous êtes là, puisque j'ai votre secours, je suis sauvée!...

GASPARD. — Un danger vous menace donc?

MISÉ BRUN. — Mon mari se rend à Grasse pour ses affaires, et je l'ai tant prié de m'emmener pour ne pas être en butte pendant son absence aux persécutions du comte de Nieuzelle qu'il y a

consenti... Le mauvais temps nous a forcés de nous réfugier ici, mais le comte y est aussi, et l'on vient de m'avertir qu'il se propose, quand nous serons en route, de renouveler la tentative qui, grâce à vous...

GASPARD (1). — Ah! c'est le comte de Nieuzelle qui est là! Laissez-moi. *(Il se dispose à sortir à droite.)*

MISÉ BRUN. — Où allez-vous? Que voulez-vous faire? Le comte n'est pas seul, il doit avoir aussi des armes. Vous exposeriez votre vie en voulant me défendre... Non!... non!... Je ne le veux pas! Vous seul contre tous! ils vous tueraient peut-être!

GASPARD. — Ne craignez rien, laissez-moi faire, il faut que je vous délivre de ce misérable. Qu'importe qu'il ne soit pas seul? Je viendrai à bout de lui et des siens. Restez ici tranquille; bientôt tout sera fini. *(Il repousse doucement Misé Brun et l'oblige à s'asseoir à gauche, puis il sort rapidement à droite.)*

SCÈNE X.

MISÉ BRUN, *presque anéantie, puis* LA MARIOTTE.

MISÉ BRUN. — Mon Dieu! que va-t-il arriver... Si par malheur... Oh! je voudrais prier. *(Elle tombe à genoux.)* Sauvez-le! Protégez-le, car ce serait injuste... Oui ce serait injuste! Que dis-je?... *(Elle se relève et tombe sur son siége.)*

MARIOTTE, *entrant* (2). — Qu'avez-vous Madame! Qu'avez-vous?

MISÉ BRUN.— Un court instant de faiblesse. Je n'ai plus rien.

MARIOTTE.— Voulez-vous que j'appelle votre mari?

MISÉ BRUN. — Gardez-vous en bien! Dites-moi plutôt où est le gentilhomme qui sort d'ici.

MARIOTTE.— Quel gentilhomme? Celui qui est venu avec deux valets?

MISÉ BRUN. — Non, l'autre.

MARIOTTE. — Je n'en vois pas, à moins que vous ne vouliez parler de lui... *(Brusquement.)* Alors cela ne regarde personne ce qu'il fait lui? *(Elle sort au fond.)*

MISÉ BRUN. — Oui... c'est de lui que

(1) Gaspard, Misé Brun.

(1) Misé Brun, Gaspard.

(2) Misé Brun, Mariotte.

je veux parler, c'est de lui !... Je ne connais pas d'autre manière de le désigner, car je ne sais pas même son nom qu'il a refusé de me dire. Son visage, si fier et si doux à la fois, est gravé dans mon cœur et j'ignore quel est le sentiment que j'éprouve pour lui ? C'est, je crois, de l'amour ! Malheureuse, quel mot s'est-il échappé de ta bouche ? Tu l'aimes, tu l'aimes, et peut-être l'as-tu laissé tuer pour toi ! *(Gaspard entre par la droite. Elle va vers lui et se précipite dans ses bras.)* Non ! il est sauvé.

SCÈNE XI. (1)

MISÉ BRUN, GASPARD.

GASPARD, *la pressant contre son cœur.* — Ma chère Rose !

MISÉ BRUN, *après un instant de silence.* — Eh bien ! M. de Nieuzelle ?

GASPARD. — Vous n'avez plus rien à craindre de lui.

MISÉ BRUN. — Vous ne lui avez pas donné la mort au moins ?

GASPARD. — Je l'ai mis hors d'état de nuire. Il n'a pas plus été châtié qu'il ne le méritait... N'avez-vous rien entendu ?

MISÉ BRUN. — Rien... *(Baissant les yeux sous le regard de Gaspard de Besse).* — Je ne sais comment vous rendre grâce, Monsieur, pour le secours que vous m'avez donné. Que Dieu vous récompense !... *(Fausse sortie.)*

GASPARD. — Vous me quittez ?...

MISÉ BRUN. — Maître Brun peut s'éveiller... D'ailleurs il faut que nous partions... La tempête a cessé de sévir... Nous n'avons plus rien à craindre grâce à vous, excepté peut-être les bandits de Gaspard de Besse, que l'on prétend être dans ces contrées...

GASPARD. — Gaspard de Besse... c'est moi !

MISÉ BRUN, *avec épouvante et stupeur.* — Vous ! *(Elle se laisse tomber sur un siège.)* Oh ! *(Elle a un geste d'horreur.)*

GASPARD, *se mettant à genoux près d'elle.* — Gaspard de Besse, c'est bien moi ! Et l'horreur que je vous inspire est le plus cruel châtiment d'une vie de fautes et de malheurs... Je suis un grand

coupable, malgré les efforts que j'ai faits pour écarter les crimes de la route sur laquelle une pente fatale m'entraînait... Ma seule excuse est l'abandon où s'est trouvé mon jeune âge... J'ai été en effet recueilli, ayant seulement quelques mois, par un vieux paysan qui me prit inanimé dans les bras d'un cadavre de femme. Plus tard, je sus que ma mère avait été victime de la calomnie et que j'étais de sang noble, cela me rendit haineux pour la caste à laquelle j'appartenais et qui m'avait renié... Je voulus prouver que, sans me prévaloir de mes ancêtres, je saurais briller, et je me fis soldat ! Quelle désillusion ! Quelle déception amère ! Le jour où je vis que les grades n'étaient donnés qu'à la fortune et à la noblesse, que la valeur était inutile, que le privilége l'emportait sur les droits acquis, je désertai après avoir levé la main sur mon capitaine. Une condamnation à mort s'ensuivit, et, pour y échapper, j'allai trouver les bandits qui ravageaient les environs de Besse et qui me prirent pour chef... J'espérai un moment pouvoir discipliner cet assemblage de gens sans aveu auxquels d'autres ne tardèrent pas à se joindre, et je rêvai une existence de redresseur de torts et de justicier. Je ne tardai pas à reconnaître mon erreur et à être convaincu qu'il était plus facile de faire le mal que d'empêcher de le commettre. Le seul devoir que j'ai accompli, c'est de protéger Adrienne de Nieuzelle, ma sœur.

MISÉ BRUN. — Eh ! quoi ! Adrienne ?...

GASPARD. — Nous avons eu le même père, car le marquis de Nieuzelle s'est remarié après avoir chassé sa première femme.

MISÉ BRUN. — Et maintenant qu'allez-vous faire ?

GASPARD. — Maintenant, mon existence est celle d'un homme condamné à passer et à repasser sans trêve ni repos sur un abîme où il doit tomber et périr enfin !

MISÉ BRUN (1). — La miséricorde de Dieu ne permettra pas qu'un pareil malheur s'accomplisse.

GASPARD. — Une autre existence serait possible. J'y avais songé pour l'époque où ma sœur, après avoir été unie à l'époux de son choix, n'aurait plus besoin de mon secours. J'avais l'intention de quitter le royaume et d'aller chercher ailleurs au moins la tranquillité... Maintenant j'hésite.

---

(1) Cette scène, une de celles qui ont produit le plus d'effet, a été en partie inspirée par *Misé Brun*, l'admirable roman de Mme Charles Reybaud. L'auteur du drame ne s'est efforcé que de traduire les silences éloquents et les angoisses de la femme de l'orfévre partagée entre l'amour et le devoir.

(1) Gaspard, Misé Brun.

MISÉ BRUN. — Vous avez tort. Si je caðyais avoir quelque empire sur votre esprit, je vous supplierais de quitter pour toujours ce pays, où votre vie n'est pas en sûreté et dans lequel aucun des motifs qui attachent le cœur de l'homme aux lieux où il est né ne peut vous retenir.

GASPARD. — Il est vrai, je n'ai rien de ce qui fait le bonheur et l'orgueil des autres hommes. Après n'avoir pas eu de place au foyer paternel, je ne peux pas espérer de toit conjugal. Tout m'est hostile et me menace dans cette contrée, et néanmoins je veux y rester dans l'espoir incertain de vous revoir. (Il saisit la main de Misé Brun.)

MISÉ BRUN, essayant de se dégager. — Que dites-vous ?

GASPARD. — Ecoutez ! c'est ma vie, mon salut et votre propre bonheur qui sont entre vos mains... Sais-tu ce que j'ose te proposer ?... De te donner à moi, de me suivre... Que laisserais-tu derrière toi ?.. Qui pourrais-tu regretter ? Ta jeunesse se flétrit et se consume dans un horrible ennui, dans un cruel isolement. Tu n'as point de famille non plus, car ton cœur n'a pas adopté celle où tu es entrée. Peut-être es-tu arrêtée par la crainte de laisser après toi un nom déshonoré ?... Mais si tu disparaissais, on croirait que tu as péri dans le bois de l'Estérel, et ta mémoire resterait sans tâche. Considère ce qu'a fait le sort en nous réunissant ici au moment où nous nous y attendions si peu. Ne semble-t-il pas qu'il ait voulu nous donner l'un à l'autre ?

MISÉ BRUN. — Grâce, ayez pitié de moi, mon ami !

GASPARD. — Veux-tu que je t'emmène si loin que tu n'entendras jamais parler du pays que tu auras quitté pour me suivre ?... Ou bien, préfères-tu rester sur la côte d'Italie, au bord de quelque plage d'où tu puisses encore apercevoir les montagnes de Provence ?... Décide... ordonne... En quelque lieu de la terre que je te conduise, va ! nous serons heureux...

MISÉ BRUN. — Je vous entends... Je vous écoute... Vous me conseillez d'abandonner mon mari, l'homme auquel j'ai été unie devant Dieu, mais ce serait un crime !...

GASPARD. — Qu'importe ! (On entend du bruit venant du côté de la fenêtre; Misé Brun s'empresse d'aller voir (1).

(1) Misé Brun, Gaspard.

MISÉ BRUN. — Ah voyez ! Le ciel est redevenu presque bleu, et dans la cour mon mari s'occupe lui-même d'atteler le cheval pour le départ... Dans un instant, il sera ici... Il n'est plus temps !

GASPARD. — Il est temps encore. (Il s'efforce de retenir Misé Brun par la main.)

MISÉ BRUN. — Je vous en supplie, n'essayez plus de me détourner de mon devoir. Ayez pitié de moi ! Au nom du ciel, ne me retenez plus, car si je restais, je serais perdue ! Il n'y a point de refuge contre les reproches d'une conscience tourmentée, ni de bonheur dans une vie coupable... Quand même je pourrais cacher ma faute aux yeux des hommes, Dieu me verrait... Ne me parlez plus, ne me regardez plus, laissez-moi vous quitter. Je vous aime, mais je dois vous fuir. (Misé Brun va jusqu'à la porte du fond gauche et faisant un signe de la main.) Adieu ! (Elle sort, deuxième plan à gauche.)

SCÈNE XII.

GASPARD, puis BAVARD ET LA MARÉCHAUSSÉE.

GASPARD. — Infortuné que je suis ! (Il va vers la fenêtre.) Elle avait raison, on l'attendait; elle monte dans la carriole, et elle part... La reverrai-je jamais ?... Oh ! oui, tu la reverras, Gaspard de Besse, car tu resteras le farouche bandit de la Provence; tu la reverras, car tu n'es pas vertueux, toi !... Mais je sens que cette énergie n'est que factice ! Je souffre... je souffre !... Qui me délivrera de tant de maux ?

BAVARD (1), entrant avec la maréchaussée. — Moi, capitaine, qui vous fais connaître à ces Messieurs de la maréchaussée de passage dans le bois de l'Esterel. Ils se sont déjà emparés de l'illustre Coquelicot... Au tour de l'assassin du comte de Nieuzelle !

LE CHEF DE LA MARÉCHAUSSÉE. — Au nom du roi, je vous arrête.

BAVARD. — Je me venge!

LE CHEF DE LA MARÉCHAUSSÉE. — Rendez-vous sans résistance.

GASPARD, se mettant au milieu des soldats. — Vous le voyez, Messieurs, je ne résiste pas !

(1) Bavard, le chef de la maréchaussée, Gaspard, soldats dans le fond.

FIN DU QUATRIÈME ACTE.

CINQUIÈME ACTE

HUITIÈME TABLEAU

LE GLAS DE SAINT-SAUVEUR

Une salle d'une maison dépendant du couvent des Ursulines à Aix. Portes au fond, à droite et à gauche. Prie-Dieu à gauche.

SCÈNE PREMIÈRE.

ADRIENNE, RENÉ DE MAULÉON.

RENÉ, *entrant par la porte du fond.* — Eh bien, ma chère Adrienne !...

ADRIENNE. — Misé Brun est là... Elle prie...

RENÉ. — Que Dieu écoute ses prières, car c'est en ce moment que la tentative d'évasion a lieu... L'exécution est fixée à midi...

ADRIENNE. — Je me sens, moi aussi, l'âme pleine de tristesse et d'angoisses.

RENÉ. — Rassure-toi, mon amie... Coquelicot, qui s'est lui-même évadé peu après son arrestation, a juré de délivrer et de conduire ici l'homme pour lequel il a conçu un dévoûment sans borne...

ADRIENNE (1). — Pourvu qu'il réussisse...

RENÉ. — Je le souhaite autant que toi, car je dois beaucoup à Gaspard de Besse. Ne t'a-t-il pas sauvée au moment où tu allais boire le fatal breuvage versé par Mme de Nieuzelle et n'est-ce pas lui qui

m'a permis de confondre cette atroce créature et de devenir ton époux ?

ADRIENNE, *s'asseyant.* — Il n'a pas moins été bon pour ma chère Rose qu'il a préservée deux fois... Aussi Rose l'aime-t-elle d'un pur et saint amour depuis que son mari, Maître Brun, a été assassiné...

RENÉ. — Oui, par le bandit qui a livré Gaspard de Besse et qui est lui-même aujourd'hui entre les mains de la justice.

ADRIENNE. — Ce Bavard n'avait-il pas essayé déjà de voler l'orfèvre ?

RENÉ. — Il s'était introduit chez lui un jour, pendant son absence, et avait forcé un coffre-fort, mais son chef avait restitué lui-même les bijoux... Une fois Gaspard de Besse en prison, le misérable a eu l'idée de recommencer, mais Bruno Brun y était et veillait sur son trésor... Il a voulu résister à Bavard qui l'a frappé d'un coup mortel... Le Parlement, si sévère pour notre protecteur, ne pouvait épargner un pareil meurtrier... Il l'a condamné à mort... mais son exécution n'aura lieu que dans quelques jours...

ADRIENNE. — Ne m'as-tu pas dit, René, qu'on avait beaucoup hésité à condamner Gaspard de Besse ?

RENÉ. — On ne pouvait le convaincre

(1) René, Adrienne.

d'avoir participé directement à un assassinat. Sans M. de Latour, intendant de Provence, qui a pesé de tout son poids sur la décision des juges, sans cette femme qui est venue en deuil reprocher à l'accusé la mort de son fils...

ADRIENNE. — Mme de Nieuzelle !

RENÉ.—C'est la marquise, en effet, que Gaspard de Besse pouvait, s'il l'avait voulu, convaincre elle-même d'un crime, qui n'a pas craint de réclamer la mort de celui qu'elle prétendait être l'assassin de son fils ?

ADRIENNE. — Qu'a-t-il dit, lui ?

RENÉ. — Il l'a regardée avec froideur et dédain. « Madame se trompe, a-t-il « répondu, j'ai tué M. le comte de Nieu- « zelle loyalement, en duel... »

ADRIENNE. — Et malgré ça, la condamnation a été prononcée !

RENÉ. — Le peuple d'Aix n'a pas approuvé la sentence... On craint des troubles... Tous ces jours-ci, la prison a été gardée par un poste nombreux et on parle de deux régiments pour accompagner au supplice...

ADRIENNE. — Comment l'homme qui a promis de le sauver fera-t-il ?

RENÉ. — Je l'ignore, mais sa promesse a été formelle. Il nous a demandé de l'attendre dans un lieu voisin de l'endroit où Gaspard est enfermé. C'est Misé Brun elle-même qui a obtenu de la supérieure des Ursulines un asile de quelques heures dans cette partie inhabitée du couvent... Si le condamné échappe à la mort tout est disposé pour qu'il puisse gagner l'Italie...

ADRIENNE. — Merci, mon ami, de ce que tu as fait pour lui.

RENÉ. — Notre reconnaissance doit être éternelle ! (*Misé Brun entre par la gauche.*)

SCÈNE II.

MISÉ BRUN, ADRIENNE, RENÉ.

ADRIENNE, *allant à Misé Brun.* — Ma chère Rose, as-tu bien prié ?

MISÉ BRUN.—Oui, et il m'a semblé que Dieu promettait de m'exaucer, qu'il m'accordait son salut !...

ADRIENNE. — Quelle joie avons-nous éprouvée quand, ces jours-ci, Coquelicot,

qui ne cessait de se promener dans les environs de la prison, nous a annoncé, pour la première fois, qu'il avait une espérance mais qu'il faudrait attendre le jour même...

MISÉ BRUN. — C'est vrai... Quelle heure est-il ?

RENÉ, *regardant sa montre.* — Midi, et nous n'entendons pas la cloche qui annonce d'habitude le départ des condamnés... Vous le savez, on sonne le glas à Saint-Sauveur, depuis le moment où le cortége part de la prison jusqu'à celui où il arrive sur l'échafaud... Ce silence vous prouve que le bourreau n'aura pas sa proie... Gaspard de Besse est sauvé !...

MISÉ BRUN, *avec un transport de joie.* —Sauvé ! (*On entend la cloche ; Misé Brun pousse un cri de folle terreur.*) Ah ! Entendez ! entendez ! c'est le glas !

ADRIENNE, *à René.* — Courez, courez... Sachez ce qui se passe ! (*René sort par le fond.*)

SCÈNE III.

MISÉ BRUN, ADRIENNE.

MISÉ BRUN, *d'un air égaré.* — Adrienne, entends-tu ? Gaspard est sur la fatale charrette qui doit le porter à l'endroit où il doit mourir.

ADRIENNE, *des larmes dans la voix.* — Aie du courage, mon amie.

MISÉ BRUN. — En aurais-tu à ma place si l'on conduisait celui que tu aimes ... Non, je ne veux pas même faire pour toi cette supposition...

ADRIENNE. — Il n'est pas sûr que ce soit...

MISÉ BRUN (1). — Je la reconnais bien cette sonnerie lugubre , je la reconnais à ces sons plaintifs... Amère dérision ! On semble regretter celui qu'on va sacrifier...

ADRIENNE.— Rose, calme-toi...

MISÉ BRUN.— Je ne puis, car c'est affreux... c'est affreux !

ADRIENNE.— Je souffre, moi aussi... Cherchons des consolations dans la prière, qui t'avait jusqu'ici aidée , soutenue...

____

(1) Adrienne, Misé Brun.

(Elle entraîne Misé Brun vers le prie-Dieu, celle-ci tombe à genoux, mais elle se relève aussitôt.)

MISÉ BRUN.— Je ne veux plus ! Je ne veux plus !...

ADRIENNE.— Laisse-moi alors demander pour nous deux...

MISÉ BRUN, *la retenant.* — Pourquoi implorer Celui qui est là-haut ? Il ne t'écouterait pas plus qu'il ne m'a écoutée, car nul ne peut désarmer sa colère... Il est implacable !... Et tiens, c'est du haut d'un de ses temples que l'on annonce une œuvre de vengeance et de sang !... Oh ! cette cloche !... cette cloche !... *(La cloche s'arrête.)* Suis-je folle, mais il me semble que je n'entends plus... *(Elle fait quelques pas en se tenant la tête comme si elle voulait empêcher qu'elle éclatât.)* Ce n'est pas une illusion ! La cloche ne sonne plus, et peut-être n'a-t-elle jamais sonné ! Oh ! dis-moi, Adrienne, qu'elle n'a jamais sonné ! *(René entre par le fond.)*

SCÈNE IV.

ADRIENNE, RENÉ, MISÉ BRUN.

MISÉ BRUN, *allant vers René.* — M. de Mauléon quelle nouvelle apportez-vous ? J'ai été, n'est-ce pas, victime d'une illusion ? La cloche annonçant le départ du condamné ne s'est pas fait entendre, ou bien, n'était-ce pas celle-là ?... Vous ne répondez pas...

RENÉ.— Hélas !...

ADRIENNE.— Dites-nous...

MISÉ BRUN.— Que savez-vous ?...

RENÉ.— La foule se précipitait pour contempler un affreux spectacle... Je n'ai pas vu le cortége, mais il s'approchait de Saint-Sauveur...

MISÉ BRUN. — Quelle est donc alors la cause de ce silence ? Ah ! j'y suis ! Tout enfant, j'ai vu des exécutions... Je me souviens que les condamnés montaient à l'église pour faire amende honorable et que pendant ce temps, la cloche... *(La cloche se fait de nouveau entendre.)* Vous voyez... elle recommence !... L'infortuné poursuit sa route vers l'échafaud... Il faut bien que je le voie une dernière fois. *(Elle s'élance vers la porte.)*

RENÉ. - Ne faites pas cela, Misé !

MISÉ BRUN.— J'ai encore le temps... Entendez-vous la cloche ? Je veux que ma vue le console, je veux qu'il ait assez de résignation...

RENÉ, *la retenant.*— Il en aura, n'en doutez pas ! Mais vous, faible, comme vous l'êtes, vous ne pourrez jamais arriver... D'ailleurs la foule vous empêcherait d'approcher...

MISÉ BRUN.— Quelle chose horrible est devant mes yeux ! On a lié celui qui bientôt ne sera plus qu'un cadavre sanglant... Il est là, il m'appelle ! « C'est ton amant, « Rose ; c'est ton frère, Adrienne !... »

ADRIENNE.— Mon frère !

MISÉ BRUN.— Oui, ton frère, le fils de ton père, celui qu'il a maudit au berceau et qui porte encore aujourd'hui le poids de cette injuste malédiction...

ADRIENNE.— Ciel ! *(La cloche s'arrête.)*

MISÉ BRUN. — Ah ! la cloche ne sonne plus... Le condamné est donc déjà au pied de l'échafaud.. Il y monte, il va mourir... Il est mort ! *(Gaspard de Besse entre suivi de Coquelicot.)*

SCÈNE V.

ADRIENNE, RENÉ, MISÉ BRUN, GASPARD DE BESSE, COQUELICOT.

GASPARD.— Rose !

MISÉ BRUN, *se jetant dans ses bras avec transport.*— Ah !...

ADRIENNE (1), *allant vers Gaspard.*— Mon frère !

GASPARD.— Elle sait ?

ADRIENNE, *avec tendresse.*—Tout...

RENÉ.— Mais comment a eu lieu l'évasion ?...

COQUELICOT, *ivre de joie.*—En me promenant autour de la prison, j'avais remarqué un guichetier, j'ai cherché à lui parler et nous nous sommes entendus... Seulement ce n'était qu'au dernier moment qu'il pouvait briser les fers du capitaine et pénétrer auprès de lui...

MISÉ BRUN. — Mais alors, l'homme que l'on a mené au supplice, exécuté...

COQUELICOT.— J'ignore, mais ce que je sais c'est que nous nous sommes... *(Il fait le signe avec la main d'un homme qui fuit.)*

____

(1) René, Adrienne, Gaspard, Misé Brun, Coquelicot,

SCÈNE VI.

RENÉ, CADET, ADRIENNE, GASPARD, MISÉ BRUN, COQUELICOT.

CADET.— Je vais vous le dire, moi, qui est le patient... C'est Bavard !

COQUELICOT.— Ah !...

CADET. — Lorsqu'on s'est aperçu que Gaspard de Besse n'était plus là, on a voulu donner quand même une victime à l'échafaud pour ne pas avoir l'air de re- culer devant le peuple... J'ai ouvert alors la cellule d'un autre condamné et j'ai livré au bourreau Bavard que l'on a aus- sitôt baillonné et couvert d'un voile noir... J'ai pris ensuite la fuite... C'é- tait prudent !...

COQUELICOT.— Le guichetier que j'a- vais reconnu, c'était lui !...

GASPARD.— C'est lui qui m'a sauvé !

CADET.— C'est vrai... Mais le seul mé- tier dans lequel je pouvais dormir à mon aise je suis obligé de le quitter à cause d'une bonne action !

FIN DE GASPARD DE BESSE.

ERRATA

Page 15, 2ᵉ colonne, 29ᵉ ligne, au lieu de : « *Ce qu'il me faudrait à moi, ce sont* » lire : Ce qu'il me faudrait à moi, ce seraient » Dans la même phrase, plus loin, lire : « Ce seraient des trésors » au lieu de : « *Ce sont des trésors* »

Marseille. — Imp. et Stéréotypie du Petit Marseillais, T. Samat, quai du Canal, 15.

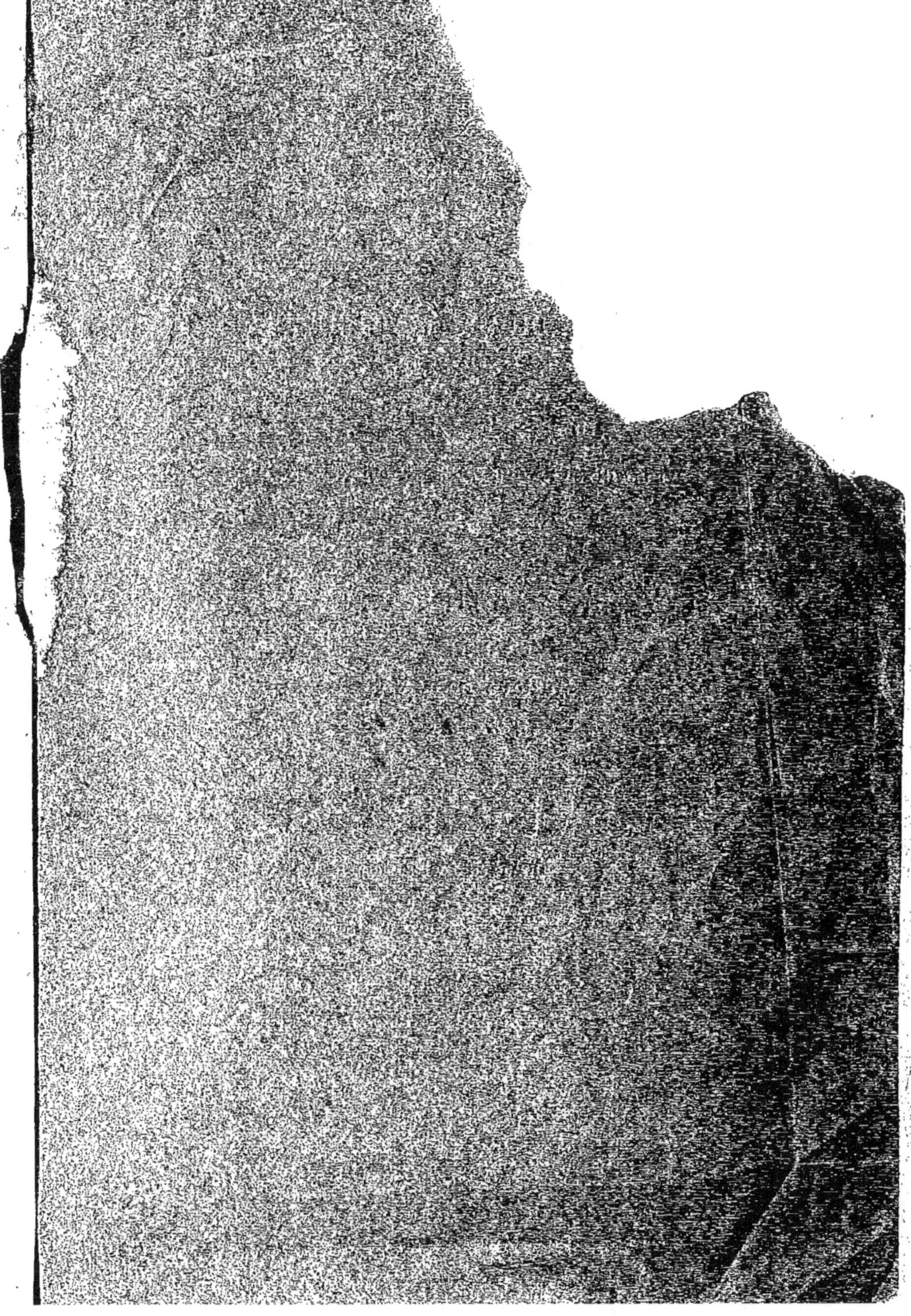